SARA

La mujer que aún no llega

Efraín José Martínez Meneses

Ediciones Cataca, 2020

1ª edición

ISBN: 978-958-48-9493-9

Impreso en Medellín -Colombia

Editado por Cataca

A Sara. que sacudió la jaula de los monstruos y revolvió el estanque de los sueños rotos. Las palabras cayeron en cascada. Dentro, le corre un río de ellas.

A mi hija, ella es mi muerte y mi inmortalidad.

Inicio

Hasta dentro del dolor, hay un mensaje alentador. No es una fórmula para vender esperanza. Es solo que valió la pena cada lágrima y cada insomnio para encontrarla. Y ella llegó, contaminó cada lugar. Se meó como un perro estelar en todos los rincones de mi alma. Ella es así, sonríe y me construye cosas donde intencionalmente había dejado espacios. Sara es el lugar. Eso es sencillo de explicar, en dónde ella esté, allí puedo sembrar mi casa. Las casas se siembran, como los árboles. La semilla es la gente. Ella es una semilla de todos los lugares.

Somos adictos a los finales felices, a creer que cada esfuerzo tiene una compensación, nos embriagamos con la premisa moralista de que "el bien siempre triunfa" … Temerosos, en el fondo, de que todo sea una trampa de la esperanza, de ese mecanismo de defensa de la raza humana que la hace continuar a pesar de que lo invisible no se revela, de que los tiempos no se detienen, de que los juicios finales no llegan. Así somos. Por eso adelanté el desenlace, un fin eterno que solo podría quitarlo la desmemoria o un dios envidioso. Porque ni el desamor puede remover lo vivido, lo sentido.

La estuve buscando, como buscamos los desdichados; negando al mundo nuestra búsqueda y aparentando resignación. Pero en el fondo nos florecen los olivos y las manos nadan como animales lampiños, torpedos en la soledad que buscan hacer nudos… De eso se trata todo, de aferrarse a algo en este viaje. Yo le escribía, ya no me da pena decirlo, le escribía y publicaba lo escrito, esperando que ella lo viera, como si por fin; Los "ojos de perro azul" de Don Gabriel, tuvieran un final feliz.

Lo que tuve que pasar para conocerla fueron pruebas de resistencia, aprender a base de dolor es una pedagogía del karma que no debería existir. Pero ahora la felicidad no la alcanzo a describir con las palabras. Tengo muchas respuestas, hay libros que son interminables y deberían venderse con ganchos legajadores, para ir anexándole páginas día a día. Y cuando el escritor muera, alguien debía continuar, alguien debería recordar que debajo del hollín que nos van dejando los tiempos, está el amor sembrado. Muchas cosas tengo que contar en el camino. Hay que prepararse para el viaje por estas letras; al principio tallan, duelen como espinas de pescado. Después curan, como las vacunas. A ratos me dirijo a ella, a ratos a mí, a ratos a todo el mundo. Disparo palabras a todos lados, esperando que alguna la penetre.

Yo he estado esperando una mujer, de seguro para llenar ese vacío oceánico que padecemos los seres humanos luego de despertar. Somos la roca con ojos, la roca que empieza a sentir y se da cuenta que siente y no sabe qué hacer con todo eso. La duda, las preguntas sin respuestas se convierten en soledad. Y tratamos de aliviarla con mil ocupaciones, viajes, ambiciones de cosas materiales, sueños fútiles, amores imposibles, cada quien cuelga en un palo su propia zanahoria para obligar a caminar el caballo de la vida. El mecanismo de supervivencia de la especie para no dispararnos en la sien. En mi caso, lo que me ha hecho moverme por los laberintos de la existencia, ha sido ella. ¿Qué hará el caballo cuando se coma la zanahoria? Tal vez no comerla es lo mejor, quizá debería sembrarla.

Creí encontrarla…

Son las 7 a.m. anoche no dormí, el alma era una serpiente devorándome con dientes diminutos. Pienso en ella, en la que engendra serpientes en mí y no la entiendo, la serpiente me muerde el corazón sin piedad, y sigo tratando de comprender porque es capaz de dejarme y sacudirse los sueños como quien se sacude la arena del jopo. Estoy en el trabajo, pero realmente no estoy, estoy en las palabras de anoche, en lo que quedó pendiente y que hubiera salvado la relación de un zarpazo. ¡Bah, iluso! Ella está cansada y yo, yo nací cansado. Ya salí del trabajo, en una cafetería, desesperado trato de devolver el tiempo comiendo empanadas, sonrío por la disparatada idea de que la máquina del tiempo sea una empanada. Y luego se me mojan los ojos porque sé que a ella le gustan mis disparates. El tiempo no se devuelve por razones, que no deberían ser obvias. Saco uno de mis libros para buscar frases salvadoras y el hijueputa libro se abre en la página 62 y dice: "el amor es la espera". ¡Puta vida! ¿qué pensaba cuándo escribí ese libro? Parece premonitorio, incluso en aquello de las lesbianas gordas, curiosa coincidencia (eso fue una nota mental, pero la escribí). Ya puedo decir que he amado y me siento como un imitador de Coelho al decir eso, consuelos maricas. Pero bueno, oprimo el botón del ascensor y como nos toca a los pobres que no tenemos como ir al Tíbet a cagar en el monte espíritus sagrados, me iluminé, sí, en un ascensor. Realmente el amor es la espera, aunque el corazón sea un cometa a millones de kilómetros por segundo. Suspiro, la empanada estaba rica y ya tengo más historias de las que a la preñadora de serpientes, le gustan. Aquí espero, en cada letra, en cada espacio, esquivando el olvido como en un vídeo juego de los 80.

Bueno, te zampas mil cosas para aliviar el alma. Ya sabes; claves budistas, psicología del desapego, de la autoestima. Increíblemente funcionan. No la llamas, no le escribes, pero el amor sigue allí, flotando boca arriba e hinchado en las aguas de las lágrimas que te tragas. Ya comprendiste, de todas maneras, que estrellarte como una mosca confundida por el cristal de la ventana, no tiene ningún sentido. Te vuelves inmenso, un globo de aire caliente que navega en la alta densidad de las sinrazones, comprendes que la vida junta almas en momentos no adecuados, ya comprendiste también mil cosas que el otro no, te prepararon para querer bonito, para ser leal, y el otro aún se consume en pasiones y hedonismo pueril. No hay buenos, no hay malos, solo desencuentros, estaturas morales, emocionales y espirituales que quizá se emparejarán en otra vida. Hoy estoy inmenso, el alma se calienta y se expande como un gas, toma la forma de muchas cosas, menos mi forma, sigo caminando y mi alma me protege de mí mismo, de ti. El amanecer de Paso Nuevo y su luna luminosa y extraterrestre (¡que obviedad! pero lo quería decir) nuevamente son míos. Hoy estoy inmenso... Trato de darme fuerzas con esas frases que usan los adictos a la auto superación y que son el indicativo más fiable para reconocer que una persona está realmente jodida. La paz y la superación no se publican. El árbol que tiene muchas ramas y es frondoso, normalmente tiene raíces poco profundas.

Primer final

Sigo esperando que aparezca esa otra mujer…

Recuerdo que escribí en un papelito las instrucciones para que ella me encuentre, no miento, las escribí. Soy de esos. Soy un brote de vainas cursis y ñoñas. Mi amiga Ledis lo sabe, ella lanzó al río San Jorge una botella con un mensaje que yo le di, eso fue hace como 15 años o más. ¿Semejante acto poético para qué? ¿Pa' qué hijueputas? No recuerdo exactamente lo que decía, era un mensaje para esa mujer que aún no ha llegado. El mensaje llegó (los mensajes siempre llegan, desde que se escriben) ella no. El papelito que escribí ahora; tiene un mapa de Córdoba, señala una playa entre Moñitos y San Bernardo del Viento, y en frente de esa playa logré dibujar una isla. Le dibujé el esquema, pero también le dibujé una luna de las 5 de la mañana y un mar pintado con su luz, como mostrando un camino, el camino siempre llega a mí. Palmeras en el fondo en una casa que sobre sale al borde de un espolón. Quien se lo entregue, le dice por favor que ya ha pasado mucho tiempo, que hay urgencias, que hay soledad doblada y planchada junto a los manteles de las fechas especiales, que nunca han sido tendidos, porque sin ella, no hay fechas especiales. Díganle que mi casa, nuestra casa, aún es un naufragio dentro de mi mente, pero que ya tengo el terreno. Lo pago a plazos, como he venido pagando la vida, que sueño con un muelle para que nuestros hijos salten al mar, que ya tengo la jarra para el jugo de tamarindo y la licuadora para el de zapote. Si con eso no la convencen, le dicen también que me volví un ser perverso, que mi mente es abierta y oscura, con pocos límites y muchas ideas, que me tomo mi tiempo, porque yo no hago el amor, lo consumo en los cuerpos, lo doblego, lo estallo. Cuéntenle que creí verla en otros ojos. Realmente me confundí, hasta ofrecí nuestra casa, nuestro mar, nuestra luna de las 5, pensando que era ella, pero nunca salió, me dejó llorando al borde de esa mirada y se escondió en esos ojos. En todo caso que me perdone, ya aprendí, eso creo. Olvídenlo, solo entréguenle las instrucciones, yo le contaré frente al mar, como ha sido mi vida sin ella, cuanto me he equivocado, cuanto me ha dolido su ausencia y que no tengo ni puta idea de qué hacer con su presencia, pero que la amaré como nunca se imaginó que pudieran amarla, como nunca imaginó… Si alguien la ve, me dice, discretamente, yo le entrego el papelito y lo invito a empanadas de maíz con queso y un refresco de cola.

Escribía como un náufrago, supongo que la mente tiene mecanismos para no enloquecer, tenía diálogos con ella, el mundo es un océano de fuego.

Iba a esperar para contarte cosas, pero sé que te gusta leer. Quizá, en esas noches cuando yo duerma temprano, porque termine muy cansado de espantar cangrejos, de acomodar piedras para luchar contra la erosión del mar, acostada a mi lado, me leas (me explico: leas lo que escribo; que es lo mismo, en definitiva). Yo dormiré y mientras duermo se cumple un sueño; de tenerte allí y que me ayudes a construir otro mundo. Tengo la creencia de que cuando alguien lee lo que escribo, pasa lo mismo que con los dioses, comienzan a ser concretos, a tomar fuerza. Que leas a mi lado mientras duermo, es algo que imagino mucho, a veces pienso locamente que no vamos a necesitar encender la luz, que el libro se iluminará y como las esporas de los robles que salen girando con el viento, las letras leídas se irán iluminando y se esparcirán por la habitación, como una constelación, como si hoy estuviera sembrando estrellas en estas páginas. Lo imagino así y si lees esto, antes de que pase, es posible que pase. Es posible también que, al despertar, la habitación esté llena de ceniza, de palabras que ardieron. Mientras barro las cenizas, prepararás el desayuno, y pruebas la veinteava receta con guineo verde que te enseñé. Tenderé la cama que aún olerá a ti y a frases cocinadas a fuego alto. En la mesa de madera desayunaremos con el mar a lado izquierdo, nos sentaremos uno al lado del otro, para poder tocarte las piernas y dejarte ver mi erección matutina. Nos miraremos y cada uno sin decir nada, agradecerá haber encontrado al otro. Agradecerá aplastar con las risas, los recuerdos de divas, príncipes, pavos reales, ego maníacos y hedonistas, que han agotado nuestras paciencias, pero no, nuestras ganas, ni los destinos.

Luego te escribo más, debo pasar calificaciones, tengo dos trabajos. Es una etapa compleja de mi vida como te habrás dado cuenta por mis escritos anteriores, cada instante ahora vale tanto. Pero como no escribirte, hacerlo me tranquiliza, es mi terapia curativa, me hace pensar que al final, al final hay recompensa (Como dice la hermosa canción de Cerati).

Por temporadas la olvidaba y me daba la oportunidad de sufrir por otras, pero volvía a hablar con fantasmas.

Claro, siempre que me atacaba la melancolía. En donde otros humanos crean dioses para combatir sus enemigos invisibles, yo construía la necesidad de ella y le seguía escribiendo para mantener el vínculo unilateral, uno se vuelve adicto a las sensaciones, algunos adictos a la adrenalina, a la euforia. Otros, a sentimientos más calientes como la melancolía.

Hace rato no te escribía, andaba ocupado, enamorado. Solo te escribo cuando estoy lleno de dolor, ya sabes que ella no me quiere y te necesito. Sí, ya puse la canción del piano, la que escucharemos juntos "Sí me quitas tu amor ¿Pa qué quiero el corazón?" Es la mejor canción de Draco, el piano inicia y se me viene el llanto, abrazo el aire, con mímica y todo. Un cuadro patético y triste, ¿Lo imaginas? El amor raya con la ridiculez.

Ya quiero vivir allá donde te voy a esperar, en Paso Nuevo, frente a la Isla, quiero irme de aquí. La gente está muy rota y cortan a los demás con sus astillas, tienen el alma cruda; les hablo y les hablo del universo, de ser dioses, de cosas incandescentes que se esconden en la oscuridad, de sentimientos que son como energía. Y solo ríen.

¡Hey! sembremos un totumo en el patio de la casa. Papá sanaba las vacas con totumo y sal. Con esta colección de heridas que llevo, voy a necesitar que me frotes ese menjurje en el pecho todas las noches hasta que se me curen los dolores. Solo necesito tu mano y que esperes como el niño que espera ver germinar el tallo de la semilla sembrada.

No llevo planes, escribamos nuestro nombre en la arena y el que el mar borre primero, perderá y deberá cantarle al otro una canción para dormir después de hacer el amor con las ventanas abiertas hacia el oscuro océano. Ven ya, evítame más dolores que te voy a llegar deshecho y no es justo contigo.

Digo y digo cosas, esta tristeza es una locura, es como si la realidad se pixelara. No la merezco sabes, yo he hecho las cosas bien y soy lo mejor que he podido hacer con ese manojo sueños e ideas locas con las que nací. Quiero consolarme pensando que a ti te querré más que a ella y que tú me querrás más que a nadie, que nunca dejarás mi mano sin estrechar, ni mis ojos sin besar.

Ojalá que donde estés, sea un mundo bonito. Que duermas en las noches sin interrupciones y que las frutas te sepan dulces. Ven ya, te necesito, no es lo mejor que he escrito, en las notas de auxilio es difícil hacer poesía.

Cada cosa que anhelo en ti, es un ruego, por algo que me lastimó… Cada cosa que sueño en ti; es la cura para la raspadura de rodilla. Tengo otra historia que contarte. Ya te compré el taburete donde la vas a escuchar, el café y el *mug* con la foto del Subcomandante. Luego, llévame por todo el pueblo de la mano. Que sepan que estoy contigo, cuéntales de mis batallas, dile a mamá que no podrías haber encontrado un hombre mejor, que sé sembrar la tierra y ordenar las palabras, que sé ordeñar y nombrar las estrellas, que defiendo a mis hijos y cuido a mis padres, que hago tajadas y el mejor queso frito, diles a todos que estás conmigo, que me esperaste, que me soñaste, que soy todo eso que te contaron; ya no existía. Lávame el cabello con agua de mar y bésame en una fiesta mientras bailamos.

La verdad, porque me prometí serte sincero siempre, es que me siento triste, sabes. Y me da aún más tristeza dejarte a ti la tarea de repararme la risa, necesito un abrazo y no estás. Ya se pasó abril y no viniste. Sigue siendo abril si te decides. Tráeme, cuando vengas; unos cuantos zapotes y leche sin pasteurizar, ese jugo en mi terraza, un besito dulce de tu boca, el mar, y el bote ficticio donde ritualmente pongo mis males, fijo me curan la autoestima y mis escritos. Te sigo esperando.

Yo soy la perra de la perra de otro. Como a los reos nuevos en la cárcel, ella me dio una paliza emocional que me subyugó, y ahora viola mi corazón cada vez que quiere y me hace tragar las secreciones de su alma. Un símil grotesco de lo que ha sido mi relación con ella. Se sabe más grande que yo, el desamor la infla, la agiganta, la fortalece, les saca filo a sus palabras. A mí el amor me debilita como la Kryptonita a Superman, porque el amor es mariconcito y entrega sin restricciones todas las fuerzas. Cuando es correspondido, cada uno tiene la fuerza del otro y se equilibra la balanza, cuando no, hay alguien con el poder de ambos, y el que se queda sin nada, implosiona, se consume, y pelea en desventaja con puños de trapo y con la lengua llena de mariposas. Ella a su vez, le rinde pleitesía a otro, es su perra; es su exnovio, él la ignora, pero la sostiene con discursos lastimeros y pequeños detalles que ella magnifica y la mantienen caminando en el vértigo, pero sin caerse, así, no es capaz de entregar a otro lo que él ya se ganó a control remoto.

Son casi las 12 pm y digo en mi mente, no más a los no más, es el número 34 de los no más, pienso que este será definitivo, ella no me va a amar, él no la va a dejar amar, al menos no como cada uno espera sea su amor. No sé qué más escribir, se me viene el llanto, y con morbo me miro en el espejo, me veo horrible llorando, debe ser por eso que mamá me insistía en que los hombres no lloran, nos vemos terribles. El rostro tosco hace una mueca como de dolor y las lágrimas arden, son muy saladas. Este párrafo no va a terminar como quisiera, porque no solo sufro de los recurrentes "no más", sino que también sufro de los "¿para qué hijueputas?". La quise, la quiero (no puedo mentir, aunque sabiendo que ella lo leerá, debería de dejar mi vicio de decir siempre lo que siento). Pero que va, yo soy un estallido de confeti, amo, y amo sin medida, me vierto como un vomito de arcoíris y esta vez, esta vez tampoco me quisieron. Siento rugir al animal en que me convierto cuando pierdo las esperanzas, sí, ya saben, el de hielo y erecciones. Es abril, siempre es abril. Y dicen, muchas cosas dicen. Ahora solo me dedico a escuchar el silencio, que en realidad no existe. Porque ella sabe, el vacío suena como un grillo, ¿Se ha tapado los oídos? ¿Lo ha escuchado? ¿ha sentido a ese insecto frotarse las patas? Es el tiempo llenando el espacio. Dicen, muchas cosas dicen; que, si te amputan un miembro, sigues sintiendo su fantasma, sigue doliendo, sigues esperando que esté allí al día siguiente, aunque en las noches llores sobre el muñón que te dejó la vida. Yo soy eso ¿cierto? Le duelo, su mente aún espera que esté allí, pero ya soy la mano muerta, que ya no la masturba, que ya no le escribe. Soy la lengua cercenada, que no le lame, que no susurra, que no le escarba. Dicen, muchas cosas dicen. Que la carne y los huesos no retoñan, que, en las noches frías, podrá sentir que me congelo y no podrá abrazarme. Dicen... Que yo me consumo y ella me extraña.

Segundo final

Lo intenté con alguien. Creí verte allí, pero hay amores imposibles, y hay amores posibles con personas imposibles. Así es esto; ella era lo primero en lo que pensaba en las mañanas y lo último al terminar el día. A veces los personajes se terminan primero que las historias, a veces las historias se terminan primero que los personajes ¿Permanezco?, ¿No permanezco? Ella sentía que luchaba en su contra, que le pedía demasiadas cosas, y ella tenía las manos vacías. Complemento, el espíritu se le evaporaba y hablaba con seguridad de cosas que hace tiempo perdió. La amo, y no sé cómo rescatarla de sí misma, aunque no sea para mí.

Decía, además, que se avergonzaba de mí; de mis años, de mis canas, de mi rostro duro, de mi cuerpo burdo, de mi caballerosidad pasada de moda. De mis palabras viejas que nombran cosas que ya no existen.

Me esconde de sus padres, de sus amigos, de sus amantes. Me ama en los moteles, en la oscuridad de un auto, donde nadie nos ve, me ama en los mensajes a distancia o rodeados de amigos que no pueden saber lo nuestro. Se aleja de mí en la calle, aunque en la cama le he penetrado el destino.

Unas cuantas veces he llorado el desamor. Hoy lloro sintiendo una profunda pena, me sonrojo. Yo no sabía, lo juro. No sabía que me ocultaban. El amor enceguece tanto, que ni te ves a ti mismo. El innombrado, el irrelacionable, la pegajosa sombra. Se me encoge el alma, las frases tiritan, tienen ese dolor caliente de la lástima. Yo siempre tan digno, tan altivo, tan intelectual, tan fuerte, tan cortés, y sin saberlo era la arena que tramposamente se pone bajo la alfombra.

Todos, por ese sentimiento compulsivo, por el ego herido que hemos confundido con amor, hemos caído bajo, abrazado el ridículo y humillado a morir. Pero cada mala pasada, cada desamor hay que hacerle su duelo, decir que con el tiempo y la experiencia sabremos cómo afrontarlo. Es un vestigio de madurez o de cansancio.

La gente en mi tierra, en ese calor abrasador, debajo de los almendros polvorientos, cuentan que hay quienes antes de morir recogen sus pasos. Es un ritual que implica andar por los caminos de los recuerdos, visitar a quienes se amó, a quienes se odió, a quienes se olvidó. Eso hago yo, recojo las cosas que le escribí. Algo se va a morir y como los faraones y los caciques debo enterrar ese muerto con todas sus riquezas. Lo único que tengo son mis letras, la vida me ha quitado todo varias veces y me ha dejado lo fundamental. Es decir, que rodeado de letras está el difunto, como en esos funerales caribe. Pero no hay que llorarlo, ni contratar quien lo llore, no es una vaina wayuu, porque debe morir, debe morir todo ese miedo de quererte, de pensarte, ese vicio de sentirme inferior a las cosas simples, a las cosas posibles. Te pienso desde muy temprano; mientras a ti los sonidos de tu casa te despiertan. Te bañas sin pensar en nada, y por un momento me resbalo junto al agua que baja por tus caderas, tu mente se niega a aceptar esa realidad adulta de pertenecer a un sistema que exige sacrificios para compensarte, como un mal dios. Y yo sigo pensándote como te dije hace tres frases. Quiero un domingo contigo, sin tiempo, siempre domingo, encerrarnos en la habitación y solo salir hasta que yo diga esta frase: conque así se siente.

¿Cuántas veces debería morir para realmente vivir? Le preguntaría a Bukowski. Él, borracho y acompañado de alguna joven suripanta. Por salir del paso e imprimir un poco de ese misterio "atrapa idiotas". Me respondería: Las veces que sea necesario. ¿Pa' qué putas pregunté?, si sabía la respuesta, la obvia respuesta, la tonta respuesta. Yo en ella, he muerto más de 5 veces, y no creo estar mal en ese cálculo. Soy bueno para el *body counting*. Me mata una y otra vez, como en un bucle. Algo en ella me hace saltar a su vacío y se me volvió deporte despiporrarme en su concreto. Me lanzó en salto triple, de espaldas, de frente, en tornillo, con extensiones, figuras. Y termino siempre como polilla en parabrisas. Pero si observan cuadro a cuadro (en *show motion*), podrán ver en lo más alto del clavado, mi sonrisa y el diente que brilla hace sonido metálico (¡Chin!). ¿Por qué? Vaya uno a saber si es que siento que soy la gota que quiebra la piedra o simplemente soy el árbol que camina, cargando la esperanza de que ella y sus aves vengan algún día a salvarme. Seguro sí estoy; de que ella muere conmigo, es un pacto de la locura, de Romeo y Julieta del barrio abajo. Matarnos de forma dramática, hablar de amor y sentimientos en este mundo derretido, mantequilloso. Tocarnos a través de cosas, buscar excusas para ser tiernos en la violencia de no pertenecernos. Hacer el amor acurrucados, sin penetrarnos, como supongo deben hacer el amor las almas, o los espíritus o las energías, o los jodidos ángeles. Sigo insistiendo en que nos encontramos, pero hay vientos que nos separan, que rasgan las alas, que arrancan plumas, que se llevan el alimento, nuestras ganas de ser felices. Pero nos encontramos, y cosas secretas conspiran, cosas públicas sabotean. Soy el sentimiento, se me nota la tranquilidad. Un día de estos, después de una sonrisa, se me va a escapar su nombre y esto se vuelve un mierdero, de amor, pero un mierdero. Es un amor que tiene la etiqueta de prohibido, he sido proclive a eso. Un error en mi configuración que busca profanar, romper reglas, rebelarse frente a lo invisible que se ha construido durante de miles de años, por intenciones de hombres antiguos y egocéntricos.

Tercer final

Segundo inicio

Yo la conocí el día que nos abrazamos. Habíamos hablado durante meses de cosas superfluas, como superflua es la materia. Y nos habíamos mirado simplemente, como se miran los depredadores. Pero realmente la conocí, ese día, porque no fue un abrazo. Voy a tratar de explicar en mi limitada redacción y en mis metáforas forzadas, lo que realmente fue eso. Fueron un montón de aves que formaban su cuerpo, a guarecerse en mi sombra, y yo me sentí árbol y estoy seguro de que ella se sintió ave, entonces cada uno llegó a ser quien en esencia es, en ese simple abrazo nos dijimos cuan solos estábamos en este mundo atiborrado de personas. Fue como cumplir una cita pactada en una vida anterior, estoy seguro de que fuimos dos mareas venidas desde el principio de los tiempos, a chocar y fundirse en ese Motel. Así de simple y complejo es el destino, lleno de océanos que no se ven, de aves que no se escuchan y de árboles que crecen silenciosos dentro de los sueños. Y allí la amé, así es la vaina, allí la amé. Pero solo lo digo hasta ahora, porque nos han dicho que amar requiere tiempo y condiciones, como la garantía de un electrodoméstico. Y aunque me digan: acelerado, culipronto, afanado; la verdad es que la amaba desde antes. Otros pendejos enamorados, me entenderán esta pregunta: ¡ah!, ¿es qué eras tú? Hoy que trato de desatarla de los nudos que ella misma teje, en sus explicaciones llenas de vericuetos sin salidas y de rescatarla de sus libertades de manual. Recuerdo ese día, y no es que el beso, las lenguas lijándose y mis dedos tratando de explorar sus orificios y sus formas, no hayan sido importantes, lo fueron, pero eran solo una manera adicional de darle seguridad a lo que ya estaba atado. Comenzó abril y no está conmigo. Ni abril, ni ella, pero aún el abrazo retumba en ese universo invisible que construyo a diario.

Ayer 14 de mayo a las 3:18 P M. Me sentí solo. No una soledad general, esa es muy fácil de vencer; una película, una hamburguesa, una coca cola, una masturbada y se va como perro apaleado. Era una soledad específica, la más hija de puta de las hijas de puta. Soledad de ella, etiquetada con su nombre: Soledad de Sara. *Sticker* Pegado con babas, en el pecho. Le podía escribir, la podía llamar, pero no estaría allí para mí, aunque me contestara. Quería verla, pero decirle es enfrentarse a la peor burocracia emocional; trámites, trámites, trabas, evasivas, excusas, fechas. ¡Burócratas de mierda! Vivimos cerca; hay aceras donde sentarnos a hablar, hay tiendas donde tomar un café, hay parques donde caminar, el balcón de mi casa desde donde me veo yo, calles que recorrer, piedritas que patear, perros que saludar. El infinito, el infinito para estar juntos. Pero debo elaborar propuestas, planes, esconder el "quiero verte" entre estrenos de películas, festivales, reuniones, clases, intereses frívolos, cuando lo que quiero es simplemente estar cerca de ella. Mirar sus ojos tristes y que me sonría. Vuelvo a leer cada cosa que le he escrito; la soledad, la ausencia, lo difícil, lo absurdo, me canso. Insisto, solo porque nunca he revivido un amor muerto. Pero ya hace sombra el aplastante olvido, ya viene quitándole todo lo que la poesía le puso.

Uno conserva la vida, a pesar de esas sobre dosis de uno mismo de las noches de los sábados. Sí no sales a verterte en el mundo, te acumulas como si fueras hollín en chimenea. No hago referencia a excesos de semen o de ganas, esos pueden paliarse a mano limpia. Me refiero al aserrín que va quedando, cuando la realidad va cortando paso a paso con su cinta dentada la existencia. Necesitas salir, recetan. No es la solución, porque para verterte en una "salida", tendrás que aguantar que otros te inunden con los desechos de sus semanas, con recuerdos ya muy roídos. La decisión se complica, los sobrantes de otros, o padecer que se te hinche el alma como globo de carnaval. Ya vi las redes sociales, y el mundo sigue ahí, repetido, pero ahí. Enciendo la TV; Chloe Grace está en uno de esos canales *High Definition,* a los que la clase media baja del país podemos acceder, me concentro en su rostro e hijueputeo al que fue capaz de crear algo tan lindo. En los comerciales veo *Discovery* para ver si Giorgio Tsoukalos tiene algo más que decirme sobre los *Aliens* ¡Me estoy pareciendo a él! eso me deprime un poco, debo motilarme antes de que alguien más note el parecido. Ah, gracias cultura pop, que me haces olvidar los profundos infiernos, que se construyen cada día en los resquicios que me van dejando los desamores, soledades y temores.

El mundo está lleno de corazones rotos, ¡qué masacre! A veces he pensado, sin que sea algo definitivo, que quizá muchas reglas que hoy vemos como absurdas, en realidad tengan su razón de ser, porque ya hubo personas que recorrieron este camino de la lógica y los sentimientos. Antes los matrimonios eran arreglados, por conveniencia, casta o cualquier otra razón. Arreglados. Así debía ser y todo parecía normal. ¿En qué puto momento alguien pensó que eso debía hacerse por amor? ¿Quién se inventó esa mierda? ¿Qué carajos tenía en el corazón? ¡Cuántas cosas nos evitaría! Ya no es tan absurdo.

Debo reconocer que no tengo ni puta idea de decoración. Que puedo meter un mueble Olimpia de 6 mil euros en un chiquero como mi cuarto y con eso sentirme Deniot. Lo mismo les pasa a los cirujanos plásticos, creen que una nariz de 5 millones y un culo de 10, se pueden poner en cualquier estantería. No todos los pómulos prominentes salvan un desastre, no todas las tetas grandes provocan ser chupadas, ni esos traseros dejados como lavadoras abandonadas, generan ansiedad de ser acariciados. Hay bellezas que no son comunes, que su estética no es calcada. Ella, la que me gusta, es una de esas. Su cabello largo, sus anchas caderas, sus ojos cafés, sus dientes de roedor y la sencillez desprevenida con la que anda, con la que sonríe, con la que mira, con la que todo. Son una clara muestra de que existe un orden preciso que yo quisiera ver al amanecer. Pero no le voy a decir nada, no me creería y ya mi amor no tiene paciencia. Y bueno; debe querer otro tipo de hombre. Alguien de sueños más concretos y de aspecto menos tosco (Mi auto sabotaje de nuevo). Supongo, solo supongo, no quiero saber la realidad. Que afortunado ese "quien". Ella es de esas que no te va a exigir que cumplas sus expectativas, no busca un empleado, ni un socio de proyectos, te tratará con ternura en tus fallos y se alegrará con cada pequeño triunfo. Algún día, cuando ya nada tenga sentido, cuando ya para qué. Le voy a decir que la quise. Para que sonría. Su sonrisa...Esa es otra vaina increíble...

He llegado al absurdo de tocar el otro lado de la cama como si ese acto dramático lo estuviera viendo alguien, y desear que ella estuviera ahí, con sus ojos cafés, su cabello castaño, su rostro de niña y sus nalgas anchas en su pijama de heladitos pintados. Absurdo es estarle escribiendo a pesar de los miles de trabajos pendientes, de los atavíos que implican estar vivos dentro de un sistema que te consume. Absurdo es que llueva y llueva en este puto pueblo y que esperes "te quieros ansiosos", que te amen como nadie te amó y te acaricien el rostro como si tuvieran miedo de perderte.

No hay marcha atrás, la libertad de amar tiene ese riesgo. De que te eleven al cielo o te jodan. Nadie advirtió que cada noche antes de cuadrar la alarma del despertador, de acomodar dos almohadas debajo de la cabeza y una almohada para abrazar, quisieras escuchar sus buenas noches y que su saliva se seque en tus labios mientras duermes, agradecer con la mano puesta en su culo, al dios de los culos y con su respiración cerca, agradecer a todos los dioses porque tu habitación se llene de su aliento.

He chupado sus senos, pero no he podido poner mi mano en su pecho, se ha tragado mi semen, pero no digiere mi amor. Así estamos, llenos de barreras, de miedos, de vaivenes. Me lo busqué. Mi escueta biografía dice que soy proclive a los amores imposibles y al sexo duro. Cuando antes los profetas querían darles veracidad a sus palabras, decían: escrito está. Sí sigo escribiendo, seguiré alejando su boca pequeña de las frases que quiero escuchar. Me abro paso en su vida como en la manigua, atravesando su cuerpo a lengua y canción, no bordeé la espesura, como los inteligentes o los flojos, me metí por el camino difícil; el de espina, veneno y abismo.

Tomar una mano es un acto de valor. A veces el alma está cayendo, en picada, las alas se rompen y se precipita. Alguien tiende la mano y la salva. Vemos dos personas caminando juntas, cuando en realidad hay dos abismos que se sostienen entre sí. Y en ocasiones, nadie tiende la mano, o el alma solo quiere ser salvada por una con nombre propio y se niega a otros intentos. Entonces, el alma cae, es un caer indefinido. El cuerpo saluda, come, folla, vomita, ríe, suda. Adentro el alma sigue cayendo, pesa una tonelada dentro del vacío existencial. Las putas y las amantes no te dan la mano; ellas ya lo saben. Te agarran la verga, pero no la mano. Ese tipo de valor solo es propio de la gente que ama, que ama mucho, que está dispuesta a que se les rompa el destino en ese simple entrelazamiento.

27 de marzo. Ya empiezo a hablar de lo que fue. Odio el drama y el drama me odia a mí. Pero nos necesitamos como si alternáramos una relación parásita. Hoy, a esta hora, el drama ruñe mis huesos y se alimenta de mí, se traga todo lo que he sentido por ella. Ya les he hablado de ella, la que ha cortado mis penes, penes de manera metafórica, ya me revisé y el real allí está, intacto, urgido. El drama complica todo, volvemos la vida una novela, cuando las ecuaciones deberían ser absolutamente sencillas, me quieres, te quiero, eso da dos, tú y yo. Es como cuando se sabe mucho y tratas de resolver el ejercicio matemático más estúpido, utilizando a Bernoulli, Lagrange, Clairaut, Cauchy-Euler. Pero criticar la complicación, también es un drama. La vida es jodida, espera mucho de mí y yo de ella, con la diferencia de que yo sostengo las luchas, soy un guerrero, guerrero de sangre como dice aquella canción que me gusta mucho. Voy a delicias del

Tolima a comer algo porque ya es medio día, lo haré sin ganas, aunque sea ese poderoso sancocho de dos carnes que ella nunca comió conmigo porque prefiere el hot dog. Todo ese párrafo anterior indica que todo me la recuerda, ya estoy en esa fase. Cuando las cosas que hicimos me la recuerdan y las cosas que no hicimos me recuerdan que no las hice con ella. Bueno, me voy ¿Pero aquí estoy, sí me entiendes?

Cuarto final

Tercer inicio

Es curioso como la paz llega de un día para otro, de repente, después del sueño. Y entonces todo se traslada, se muda a otro cuerpo. Sara y yo empezamos el camino de querernos, probándonos, tragándonos el uno al otro como en una pelea juguetona de monstruos. La había confundido con esa otra mujer que no nombraré, así es el amor, nos distrae, nos engaña, nos turba, nos pierde. Regresar requiere faros, en mi caso fue su sonrisa, o su culo. Nos encontramos una vez y empezó todo, con todo el amor y el dolor que era posible sentir.

No me cepillé los dientes para que no se me quitara el sabor de su vagina, así duré una noche y medio día. Se lo dije, porque ahora viejo, tengo la tendencia de contar lo que siento. Mal me ha ido con eso, muy mal. Quise tomarle fotos mientras la penetraba y me hizo preguntas que se le hacen a un depravado, no la culpo. Pero ella no sabe que soy uno de esos pesimistas racionales y que cuando me pasan cosas buenas como ella, para poder creer luego la ocurrencia del evento, debo tener pruebas. Una vana forma de eternizar el momento. No para masturbarme después, no para mostrar y ufanarme. Para sonreír en esos días aciagos, para agradecer, como cuando miro mis fotos en el mar. El archivo se llamaría; "las cosas felices" o "el mar y ella" o "marella", ¡cómo sea!, navego en ambos (Odia que la trate como una cosa, pero ¡qué cosa!). Ella no lo sintió, no importa, pero en esa habitación quedamos solos en el mundo. Todo murió, incluso los dioses que nos crearon. al salir, juro que ya ese era otro mundo, una imitación. Ella parece una señal de eso que estoy presintiendo desde hace ratos, es una emoción extraña, de algo inminente, algo superior a mí y que de seguro deberé mantener en secreto. Las profecías no tienen tiempo, se pueden escribir después de cumplidas. Por eso la contemplé desnuda, como deben ser las señales de cosas lindas, las premoniciones de tiempos buenos...

Déjeme decirle (Lo haré en tercera persona porque suena más formal y contundente) Que podría vivir en su sonrisa. O en su defecto, en su culo, entre sus nalgas, arriba de la raya, donde tiene esa pequeña desviación. Allí podría montar mi choza de grandes ventanales. No sé si se percata que la miro, que la detallo en fracciones, tomo fotografías mentales, antes de que los demás se den cuenta que escondemos algo. Y otra vez viene para mí, lo hermoso de lo oculto, lo que los otros no pueden ver es lo que me enamora de usted. Son las 2:23 A.M. Estoy muy cansado, pero quería escribirle, mis mensajes se me han vuelto una necesidad, siento que con ellos la enseño a quererme: "Manual para querer auto saboteadores". La quiero bonito, con todas las arandelas que aprendió a hacer a mano mi generación. Son las 2:47 A.M. No estoy tan fluido, me ha entorpecido el verla, ahora el papel es una trocha y yo ando descalzo, buscándole a "ojos de perro azul" un final feliz. ¿Le cuento un secreto?, bueno a partir de la siguiente frase; un ex secreto: creo que están sucediendo cosas en usted, cosas que ya en mí llevan varias cosechas. Y esto irremediablemente se va a poner bonito. Algunos libros dicen que eso es posible. Me ato a sus letras como a un toro mecánico y no me despego, hasta que no me diga que me baje y que camine junto a usted, de la mano, como se debe afrontar el miedo a las cosas buenas. 2:57 A.M. Estoy seguro de que soy el único que la piensa, hoy a esta hora. Quiérame usted, cuando nadie me quiera. 3:00 A.M: A esta hora salen los demonios, también les hablaré de usted, de su culo y esa sonrisa con sus dientes de ratón. En tercera persona, como si dentro de cada uno ya no corrieran moléculas del otro. Sangre, semen, saliva, humedad, sudor... Cosas que de seguro siguen ahí adentro, empujando sentimientos.

A Sara le gusta caminar bajo la lluvia. Otra cosa más en la que nos parecemos. Hasta tenemos los mismos cambios de humor. Algún perezoso mecanismo cósmico utiliza los mismos moldes. Ella quiere que escriba sobre nosotros caminando bajo la lluvia. Gabo decía que a veces en una escena el escritor no elige como tema lo evidente. Su mano no estaba en mi mano. Había lluvia, sí. Pero yo iba pensando en la distancia entre nuestras manos. Años luz. Una distancia planetaria, como si su mano se meciera en otra dimensión. Uno busca vórtices, roces, chispas, incandescencia. De 7 mil millones de personas, de ese revoltijo molecular, de esa infinitud; juntar dos manos que se quieren, debe ser una probabilidad minúscula. Pero debo mencionar la lluvia ¿Cuántas gotas cayeron en ese espacio entre nuestras manos? Quizá vengan otras noches, otras calles, otro sereno, otra vida y se junten. No fue el 21 de junio, tampoco fue hoy ¿Los tiempos no repiten? Ese tobogán cronológico parece un desagüe que se lleva las oportunidades. Mis manos siguen escribiendo. Solas. Nuestros corazones están unidos. Otra vez me aferro a lo intangible, a los hilos secretos. Estoy cansado. Esperaré a ver que traen las lluvias. Siempre cosas buenas, siempre cosas buenas…

A veces no te aman, y ya. Nos acostumbramos, nos anestesiamos, el mundo sigue girando, Coca-Cola sigue vendiendo, los poetas se siguen pajeando y MTV se sigue degradando. A veces no te aman, y las que no has amado seguro levantaran estatuas en honor a la que no te amó. Ella es la que te advirtieron, ¿recuerdas?: "algún día llegará la que te de tres vueltas" (sonrisas de brujas vengativas, de profetizas de mierda, se oyen de fondo al leer este texto). Y sí, tres vueltas que desordenan tu mundo, tus emociones, tu carácter. Son días duros, el olvido es como un pene de gato *(¡WTF!),* extraña analogía, pero hay algo de razón; el pene del gato desgarra a la gata cuando lo saca (hasta yo me sorprendo de las pendejadas que se me ocurren cuando estoy solo) sus recuerdos van saliendo y van destrozando todo tipo de sentimientos a su paso mientras se alejan. Sin embargo, voy entendiendo que así debía ser, yo sería una prisión para ella, yo sería capaz de exigirle la misma fidelidad que a mí me exige, el mismo respeto por la relación que a mí me exige y la renuncia a la coquetería obscena y al manoseo burdo que a mí me exige. Yo sería una prisión para su egoísmo que se posesiona de los demás, pero que no es reciproco con nadie, yo sería una terrible prisión, no diré más, ya he dicho mucho, ya he sido muy específico. Es mejor así, no era el momento, yo ando dispuesto a todo, incluyendo a la nada. Ahora es necesaria, ahora es tranquila.

El mundo sigue allí afuera, a la vuelta de la esquina. Haciéndose pedazos, y la gente peleando como ratas por cada trozo, por cada migaja. Ya no siento el desprecio de antes, ¿quién soy yo para arrebatarles el sentido de sus vidas? Me dejan escribirte y eso me basta. Eres la única porción sólida de todo este desbarajuste, por la que mis dedos arañan un teclado. Léeme tu allá. Suéñame siempre. Piénsame posible. Ódiame completo. Olvídame a ratos. No me busques nunca.

Así va la vida. Hay quienes se casan en secreto con sus gatos, quienes lloran después de masturbarse. Y estoy yo, en el lumpen de las soledades, follando por follar y esperando por esperar. Solo tengo claro que poeta es quien hace cosas poéticas. Porque escribir, eso lo hace cualquier marica. Pero me pesa esperarte. Déjame decirte cuan sola puede ser la vida, en un minúsculo acto de la existencia, en él se concentran tus ojos que no me miran, tu voz que no me llama y tu mano que no me toma. Fui a comprar una camisa, eso fue todo, no me abandonaste en una batalla épica, ni en el triunfo, ni en la gloria, me abandonaste en un *vestier* de un almacén y allí morí desolado como esos esos seres anónimos que en la espesura de los montes son consumidos por todo tipo de alimañas, sus huesos se cubren con el tiempo. Quienes los recordaban también mueren y entonces terminan valiendo menos que la mierda. ¿Exagero?

No estabas para medirte tu traje blanco, sí, blanco. Eso dice la invitación del matrimonio del compadre Misael, y no irás conmigo, no me guardarás la sorpresa de verte ese día vestida como las mujeres de mi pueblo y no me arreglarás con ternura el cuello de la guayabera, no podré decirte al oído y sin siquiera mirar en el salón al resto de mujeres, que eres la más linda que ha pisado esa sabana. No podré bailar esas canciones que no sé cómo se bailan, pero que por ti las intento, y no te robaré el beso que sueño desde que lo practicaba con botellas y con espejos. No te desvestiré en la habitación a las 4 de la mañana y no apretaré tus nalgas para aferrarme a la felicidad. Uy sí, esa es la felicidad, sentarme al borde de una cama, tú de pie, rodear tu cuerpo con mis brazos, apretar en cada mano una de tus nalgas, besarte el ombligo y mirar tu cara. No más, esa es la felicidad, sin discusiones filosóficas intrincadas, sin rimas, sin elogios. Simple pero lejana. ¿Me entiendes ahora la exageración? Entre otras cosas y después del reproche, te cuento que estaré allá esperándote, en el sitio que señala el mapa que hice para ti, sabes que después de la entrada del pueblo, doblas a la izquierda en la primera calle y te vas hasta el fondo, luego a la derecha y allí donde la calle desemboca en la playa, te espero. Voy a intentar no estar pendiente, porque quiero escuchar como estalla la vida cuando me tomes descuidado, debe sonar, debe traquear el embrague del tiempo. Te preguntaré como estuvo el viaje, ¿tienes hambre?, te diré te amo y te llevaré de la mano dentro de la casa que es donde queda el hasta siempre, no por siempre, hasta siempre, ¡hasta siempre!

Me hace falta, mucha. Y no quiero decir más. Solo me hace falta. Sabaneta está fría, lluviosa. Qué malparidez. Por eso quiero volver a Fundación, en el calor se extraña menos. Quiero salir corriendo, tocar su puerta y abrazarla. No vive lejos. Pero siempre ha estado lejos. No voy a explicar eso. Extrañar es una mierda, todos hemos extrañado a alguien, y es como si su presencia se tragara todo desde adentro. Allá está con la fuerza de un buey, arrastrando tu alma como un cadáver insepulto, lo lleva lento hacia ese vertedero donde la oscuridad se tragará tus ganas de vivir. ¡Uy! Qué frases más oscuras. Lo siento, es la lluvia y extrañarla, no soy fuerte a veces, lloro fácil y solo hace poco le dije que no me volviera a escribir, está fresco el vacío, que no es vacío propiamente, es un estanque vacío, así es correcto llamarlo, porque eso incluye una ausencia de algo. Con ella todo era tremendamente forzado, su tiempo, sus besos, sus abrazos, sus palabras. Uno se cansa, uno puede luchar contra dragones, pero no contra la princesa. Ya no más, dije. Y hoy quisiera ir y decirle que acepto sus pequeñas dosis, su gotero emocional. Sin embargo, después de las cosas a las que he sobrevivido, de las cosas que he escrito, del hombre que he construido debajo de la piel y de la belleza rara de mi amor, merezco que me quieran. Sin instrucciones, sin dudas. Es mejor matar a pedradas ese amor, de una vez, sin miramientos, padecer la abstinencia unos días en lugar de agonizar meses como un perro enfermo en un callejón donde alguien se asoma a tirarte sobras. No puedo negar que la ansiedad de sus besos lentos, de sus nalgas duras, la tibieza de su vagina, el sabor de sus fluidos y su voz de niña, me taladran cada pensamiento, son topos de la noche. Ojalá no me leas, me da vergüenza, la tristeza es el desnudo del escritor… Te quise, pero debo quererme más a mí.

Cuando Sara duerme, yo escribo. Le hago promesas que no le cuento y le reparto el infinito ¿Pa' qué es el infinito, sino es pa' repartirlo? Pa' trocearlo como un pan de queso y ponérselo en el plato del desayuno, junto a los huevos con plátano maduro. Darle infinitudes pa soportar el día.

Aprendí que la vida transcurre en un continuo presente, desde allí perdí el miedo a pedirle que siempre esté conmigo. Se enamoró de mí y ahora hablo de magnitudes inmedibles… Del universo circular que calcaron de sus nalgas, de la lluvia de bólidos que anuncia el movimiento de su pelo, de su saliva y sus fluidos constelados…

Aquí voy, es muy tarde, luego termino, el sueño me vence ¿Nos encontramos en uno? Como si la vida fuera también decretada por vainas así, ya sabes, cursis… Pero en todo caso, eternas…

No te es fácil amar, no soy fácil de ser amado. Mera combinación de mierdita (¿Así lo dirías?).

Me acabo de masturbar pensando en ti, y estoy más tranquilo (el amor también es un poco de hormona). Yo quiero entender tu serenidad, por saberte querida, supongo. Yo ni siquiera me entiendo a mí estando en el limbo. Es un limbo raro, porque sé que me quieres. Contigo, a pesar de mi edad, he vivido cosas por primera vez. La gente dice frases de cajón, ripia las palabras de tanto usarlas, las luye, yo no. No las he empeñado con nadie; por eso tengo la autoridad para decirte que nunca te olvidaré. Sí decides parar esto, porque te agota, porque es más sencillo seguir tu vida como estaba, no queda más que llorarte un tiempo, sentirme tonto por tener parte en arruinar las cosas, por andar en ese conflicto entre la humildad de recibir lo que me quieran dar y la dignidad de reclamar lo que merezco. Pero si decides continuar a ver qué pasa; te va a tocar tratar de entenderme, como yo intento entenderte. La verdad es que no te quiero perder, siento que tenemos muchas cosas en común, solo que lo que arrastras y lo que arrastro, nos juegan malas pasadas y no nos dejan ser libres para cosas bonitas, para que la mayor parte fueran risas, apoyo, paz, sexo y comida de mar (yo te compro carne). Enséñame a quererte, yo cedo. Te enseño a quererme, cede un poco. Ahí vamos (no es noviazgo, no temas). Sara, ojalá me comprendas. Si no, es porque entonces esto nunca debió ser. Por sí algo, por si no. Te digo mi amor por última vez (no sabes lo bien que se sintió que me lo dijeras). A dios mi amor.

Quinto final

Otro inicio

Me enamoré de una adicta a las drogas y a la vida. Aceptamos el amor en el papel que venga envuelto, hay cierta ansiedad y desespero en los amores equivocados, nunca diré su nombre, la llamaba Rosario. Me amó tan poco que te cuento, para que sepas solamente hasta donde fui a buscarte. Qué te podré decir de ella…

Ella cabalga caballos de fuego, y dice no quemarse la ingle, ni el jopo cuando lo hace. Voy a explicar lo de los caballos de fuego simplemente, y para no dar más rodeos. Ella se convierte en sustancia, y evapora su alma a sorbos. Volví a evadir el tema. La verdad es que ella consume drogas, y la amo, incluso cuando está en su vuelo, cuando su espíritu abandona el cuerpo y deja a una guardiana despiadada que infringe dolor, a quienes nos atrevemos a mirarla a través de sus ojos.

Alguna vez me escribió a la una de la mañana y entre la maraña y las algas que flotan en ese océano nebuloso que se convierte su mente, me dijo que me quería, que estaba confundida, que quería verme. Tomé un taxi hacía ese lugar desconocido en donde se encontraba ella, a una hora de Medellín, no tenía dinero en mi bolsillo, pero un hombre enamorado es una vaina jodida, es un Forrest Gump que corre donde está Jeny, para que esta le muela el corazón a palos. No pienso en el dinero, no pienso en el peligro, no pienso en la incertidumbre. Llego y es la escena que uno se imagina, gente dormida, vencida por el consumo y el cansancio de la existencia, botellas, cosas regadas. Ella me recibe, pero no es ella, es la guardiana de la que hablé al principio, la que cuida el cuerpo de Rosario (no muy bien, por cierto, porque he visto cosas que otros hacen con su cuerpo cuando está drogada) mientras ella vuela. Y habla cosas que tienen coherencia pero que no son pertinentes, habla con odio, odia quererme, es lo que le entiendo. Me sumerjo en sus ojos, que se han convertido en un lago turbio, y como esos niñitos en la bahía de Santa Marta que buscan monedas de 500 pesos tiradas por los turistas, yo me zambullo, y no encuentro nada en ese fondo de sus ojos, no encuentro el tiempo que quisiera estar con ella, no encuentro los detalles y la ternura, no encuentro las promesas, no me encuentro en ella. Quisiera no salir a la superficie y morirme de asfixia buscándome, tragarme toda esa agua salada y oscura que son ahora sus miradas. No la juzgo, sé lo que es una adicción, yo soy adicto a ella, me hace falta, me genera ansiedad, me produce daño y aun así busco cualquier instante para escaparme donde ella. No soy capaz de dejarla, descuido el resto de las cosas y pierdo otras, lo mismo le pasa a ella, no conmigo, ojalá, ya lo dije, con las drogas.

Yo soñaba cosas, cosas que nunca serán, ella me hacía sentir más lejos de mí. Imagínate que, en las noches, cuando la avenida regional está vacía y la cabina del auto está a oscuras, pongo la música a todo volumen, suelto mi cabello que casi siempre uso recogido. Busco rápidamente "Sueles dejarme solo" de *Soda stereo* y dejo que la guitarra me rasgue el alma. Yo quería ser un *Rock Star*, ir en un Mustang del 69 de Seattle a Vancouver, con los asientos llenos de *groupies* jovencitas que me estorbarían sobre manera después de chupármelo, pero que de todas maneras no abandonaría en el camino, porque rebelde y todo, aún seguiría siendo un caballero, que me lo dejara chupar de tres, no me quitaría los buenos modales. Tener tatuajes tenebrosos, usar pantalones de cuero ajustados, negociar los derechos del molde de mi pene con alguna compañía de *sextoys*, cantar canciones suicidas y morir joven. Es un nuevo placer que descubrí, rememorar mis sueños de decadencia. Sueños que, al llegar a casa, recojo junto con exámenes por calificar del asiento trasero, las pantuflas de perritos de mí hija y dos ponqués muy dulces, que venden las venezolanas en el semáforo, me parecen horribles, pero ellas son lindas. Saludo a mi perro, me recojo el cabello, preparo una carne en bistec, la extraño mientras preparo el *suntea*, la olvido mientras me masturbo explorando *redtube*, practico la guitarra, me frustro porque no me salen las notas.

Viajé para olvidarla a ella, para buscarte a ti, solo encontré cosas, a mí mismo... Encontré el árbol más bonito que he visto. Sentí muchas cosas al verlo. Sentí que nos habíamos encontrado, y no fui yo a él, sino, él a mí. Como si yo fuera estático y él un viajero presuroso del tiempo. Es una bonga centenaria, enorme, majestuosa. Queda antes de la escuela de Isla Fuerte, subiendo por los caminos estrechos del pueblo de casas bonitas, a un kilómetro de la playa. El universo envía símbolos y coincidencias tan claras, que estoy por pensar que me cree muy idiota para entender las cosas. Hace poco, el 28 de junio, cuando yo era un recuerdo doloroso, escribí: "pero realmente la conocí, ese día, porque no fue un abrazo. Voy a tratar de explicar en mi limitada redacción y en mis metáforas forzadas, lo que realmente fue eso. Fueron un montón de aves que formaban su cuerpo, a guarecerse en mi sombra, y yo me sentí árbol y estoy seguro de que ella se sintió ave, entonces cada uno llegó a ser quien en esencia es, en ese simple abrazo nos dijimos cuan solos estábamos en este mundo atiborrado de personas. Fue como cumplir una cita pactada en una vida anterior, estoy seguro de que fuimos dos mareas venidas desde el principio de los tiempos, a chocar y fundirse en ese quinto piso. Así de simple y complejo es el destino, lleno de océanos que no se ven, de aves que no se escuchan y de árboles que crecen silenciosos dentro de los sueños." ¡Puta vida! ¿Coincidencia? Después de que pasé la última casa de palma, en donde había una pequeña reunión y ya no se escucha el rumor del mar, la bonga se abre como una sombrilla de gigantes que viven bajo la isla. Allí cambié para siempre. Las premoniciones se cumplen, tengo sueños en dónde gente que no conozco, me llama con nombres extraños. El árbol tenía nombres escritos en su corteza. No quise leerlos. Pero fueron testigos de mi cambio.

En todos estos años de espera, conocí a una linda mujer que no me amó, porque era obvio, no eras tú. No debía amarme.

Era una mujer que anda por ahí como arma descargada. Que te habla como si nada, que se ríe, desconociendo que te aniquiló desde la mirada. Esa puta inocencia de su belleza es la que te jode, o sea, rejodido, te chupa hasta los huesos, te lija las puntas que en el corazón dejaron las otras, las divas. Esas que te besaron y ya les estabas debiendo servidumbre, las insatisfechas desde el *big bang*, las de cuero liso y mirada distraída. Pero yo te hablo de la que es, la que no tiene la más mínima idea de lo voraz que es la estética cuando no se pretende, cuando no es un trofeo, cuando no es una bala. Yo la he conocido y he sobrevivido, ¿Cómo? Tragándome palabras, se podría escribir un libro con lo que no le dije, abalanzándome sobre ella como una boa (en mi mente, todo en mi mente) y, por último, despidiéndome como si hubiera salido ileso, como si el estar junto a ella unas horas, no me hubiera perforado cada página del destino. Me envenenó, pero voy a aparentar que estoy vivo. Y no me quiso, así de sencillo y de complejo a la vez. La última vez que la vi, lloré en el camino a casa.

Esta es mi canción de despedida (la canto desentonada, mientras conduzco en la noche. Hay una llovizna muy menuda, casi un rocío, mojando el parabrisas).

Va a ser una vaina apoteósica coincidir (esta primera frase quedará inconclusa).

Todo lo que nos pasa, nos devasta o nos prepara. Disculpa mi parafraseo de lo que no te mata te hace más fuerte, pero eso han sido esos amores que me han destruido, incluyéndote a ti en un principio. Qué hijueputa fuiste. Pero lo cierto es que aquellos que esperan que el amor sea a primera vista o como una comedia romántica llena de actores encasillados y mascotas tiernas, están caminando en merengues, en absurdos más grandes que el amor. En fin, todas las cosas que han pasado te convierten en lo que eres o te deshacen. Recuerdo, muy bien recuerdo, que, con una salchicha de diez centímetros, comíamos cinco. Papá, mamá y mis hermanos. Hacíamos un guiso con el que mojábamos el arroz caliente y tratábamos de distribuir las delgadas tajadas, casi desechas por el calor, en la mayor superficie posible (la mayoría de las veces era solo arroz). No me alcanzaba para más, el sueldo de mi desgastante trabajo de mensajero a pie. Por eso detesto la guerra. Pero aún puedo sentir el sabor y el aroma de aquel manjar. Nunca he comido nada mejor. Ni siquiera hoy que a veces he cenado en esos restaurantes a dónde la gente no va con la intención de calmar el hambre. Parece una historia miserabilista y con vulgar intención de conmover. No es así. Es solo para contarte lo que aprendí. Aprendí a valorar las pequeñas cosas y la sencillez, y me volví soñador en exceso. Caminaba y soñaba o viceversa. Te soñaba desde entonces para tomar fuerzas. Lloraba a solas, maldecía y rogaba que aparecieras en alguno de tantos ojos que miraba a diario. Que me rescataras. Sí, a veces los hombres también estamos en torres oscuras, rodeadas por dragones y solo necesitamos una mano en la mejilla y una voz que nos diga que todo va a estar bien. Hoy sigo con esa costumbre de valorar inmensamente las pequeñas cosas; por ejemplo: los pocos momentos que me puedes brindar; acariciarte, besarte el culo, agarrar tu pelo, olerte, sentirte a mi lado. Mirar tus ojos. No sabes qué es eso y me da tristeza por ti, porque no tengo manera de explicarte lo que se siente al mirar tus ojos. Déjame intentarlo, ¿sí? Es como ver por primera vez ¿exageré? Bueno, es como cuando veo el mar, siento que en ellos está todo, y que podría nadar en cada cosa que tú ves, ¿sí me hago entender? Todo lo que miras, se convierte en mar. Sigo exagerando. Sabes, una vez le escribí algo a una chica llamada Isabel, yo tenía 21 y pronto perdería la virginidad, pero no con ella, obviamente. Te resumo, me dijo que quizá yo tenía un problema mental que me hacía escribir estas cosas. Guardé mi cuaderno en dónde hacía ejercicios de matemáticas y escribía poemas. Lo guardé por muchos años. Es posible que ella tuviera razón y tú también. No soy el indicado. No tengo aspiraciones normales, pienso mucho, ando buscando cosas irrecuperables, quiero construir vainas intangibles y tengo esa sensación permanente de no pertenecer a ningún lado. Hoy no estoy claro, me estoy despidiendo, de ti, de todo. No soy el hombre de tu vida y no quiero el tiempo que te sobra, ¿perdí la humildad? No lo sé, quiero probar ser la prioridad de alguien, he escuchado que se siente genial, quiero poder contar con alguien; sobre todo cuando me dan esos ataques de soledad y de nostalgia. Hiciste bien, no te convengo, no sabrías que esperar de mí. Otro te puede brindar un mundo más predecible, más concreto. Se feliz. No me busques, que ya no soy. Eres la mujer que aún no llega, y es una sentencia gramatical, premonitoria, la fecha indefinida, como tus promesas. Gracias, nunca había sido tan feliz, te suelto, te libero como si en realidad fueras esas aves que se posaron en el árbol que camina. Me perdono por no haber sido lo necesario, por no haber sido todo. Me perdono.

Mientras no me querías, anduve por el cinismo, jodiendo al amor en venganza. Salía con una chica que tenía novio; estoy seguro de que aún huele a mi semen, mientras escribe un largo mensaje en redes sociales, dirigido a él. En el que, resumiendo toda la babosería, le dice que es el amor de su vida. Yo lo leo, y aspiro que ese sujeto sea un miserable, para no sentirme tan culpable. Él le responde con otro mensaje y ella con otro y así, todo el ciclo cursi y engañoso, se cumple. No soy inocente, he contribuido a matar al amor como lo conocíamos, una y otra vez, una y otra vez. Pero como las putas, también aspiro a un amor que me saque de este vacío, que me arranque los ojos y me apriete el corazón, que me ayude a pagar los karmas y se quede mirándome en las mañanas con ojos agradecidos. Soy otro malparido que embadurna con babas espesas los libros de cuentos y arranca con envidia los finales felices; y quién vendrá a salvarme de mi mismo; de la desconfianza que yo mismo he alimentado como a cerdo de engorde, del engaño, del olor fúnebre que tiene el cariño y la ternura. O quizá el amor ya es eso; entender que uno, es el que te remueve las entrañas, y otro el que te acaricia el alma. Pero sin merecerlo, sueño que me quieran como yo quiero que me quieran, como hace 20 años, cuando los poemas eran basados en historias reales.

Uno se aprovecha de quienes están hambrientos de amor. Podrían amar cualquier mierda con patas. Sus besos son tan impersonales, su forma de quererte te hace sentir como una mascota abandonada, van en su carrera hacia una satisfacción básica, como esos que siguen hablando a solas sin darse cuenta de que su pasajero saltó del auto. Te aman a la carrera, están llenando un vacío. Eres un jodido corcho en ese boquete que les dejó la vida. No saben de qué color son tus ojos, pero quieren retocarte algunos detalles para que te parezcas a su necesidad; el cabello así, la ropa de este modo, tres fotos, fiestas familiares, casémonos, dejemos para el final lo de saber que te hace feliz. Podrías morir y podrirte a su lado y lo arreglarían con colonia. Yo no, lo sabes. Yo quería saber todo de ti, ser todo de ti, caminar lento por tus detalles, sentir el sudor entre nuestras manos. No fue fácil; detesto a casi todo el mundo y el amor siempre me ha parecido una enfermedad mental peligrosa. La contraje contigo, porque ajá, por ti valía la pena morirse de una vez y para siempre; sin resucitaciones, ni reencarnaciones. Muerto, carroña y moscas y ya. Aquí yace el que amó, aunque no quería.

He conocido santas. Esas, las que juzgan, las de las frases llenas de bendiciones, las de la retórica religiosa mezclada con *couching*. Sí, esas que se dan ánimo y hablan de fe, mientras mueren de miedo y de deseos retorcidos en sus duchas largas. Esas han cometido conmigo y con otros, actos perversos, pero con silencio brillan sus rótulos de puritanas. Y he conocido putas, sí, esas que si quieren follarse a un hombre se lo follan, así las llaman por hacer lo que les venga en gana. Esas han cometido conmigo y con otros, actos de ternura y de fidelidad inimaginables, pero con silencio ocultan el brillo de su alma. No he dicho nada nuevo, el mundo siempre ha sido hipócrita y mis palabras solo llueven sobre mojado. Pero has notado que siempre hago introducciones extrañas cuando voy a decirte cosas. Antes te decía que te quería, hoy ya no. Todo pasó, tengo esa sensación del anfitrión que preparó un gran festín y no vinieron sus invitados. La comida se descompone, las puertas se cierran, el hielo se derrite en las copas que nunca se entregaron. No hay vuelta atrás. Pero te quise, y pocos entienden por qué. Una de las razones ya la dije, porque me quisiste en mi peor forma, en mi peor vida. La otra y que quiero que todos la sepan, es simple. Eres una mujer sin contraindicaciones; me besaste en la primera cita, sonreíste como un puto ángel cuando chupé mi dedo untado con tus fluidos. En la segunda cita te penetré, te dejé marcas: de mis dientes, de mis manos. En la tercera cita ya sabíamos que no nos olvidaríamos nunca. Y no hiciste una advertencia sobre cómo tratarte, ni una advertencia sobre el futuro de ambos. Ya adivinabas en mis ojos, que no tenía la más mínima idea de cómo sería mi futuro solo, menos podrías exigirme pensar en un futuro para los dos. No aniquilaste el débil y naciente fuego de los sentimientos, con ese listado extenuante y helado de

lo que te gusta en una relación. No me reclamaste
por lo que otros te han hecho, no trataste de
moldear a martillo y cincel, a lo que solo se debe
mojar con saliva. Solo dejaste que las cosas pasaran,
y pasaron. Te amé y te desamé. Completa y por
partes. Completa y por partes.

Hoy llovió aquí en Sabaneta. Una tarde de
domingo lluviosa debe ser una trampa, de esas con
carnada brillante, para atrapar a los suicidas. Las
estadísticas dicen que la mayoría de las personas se
matan un domingo, cuando el vacío que deja el
trabajo, el estudio, la ciudad, el entretenimiento
superficial, se hace evidente y debes llenarlo contigo
mismo, con sueños rotos, con amores imposibles,
con frustraciones. La gente busca a como dé lugar la
forma de no quedarse sola. Los centros comerciales,
las carreteras, las playas, las discotecas, los
expendios de drogas; se atiborran de gente que

huye. Nunca he huido de mí y el precio de eso, ha sido el ser tachado de sombrío, pesimista. Pero es que a veces ese es el aspecto que queda cuando remueves el fango que hay en tu interior. Las profundidades son oscuras, mi vida. Como mis ojos. Como mis primeras intenciones contigo. Yo, hoy dormí, recuerdo levemente el sonido de las gotas en el techo. Estoy descansando bien, parece que estoy logrando cierta paz, una fuerza inusitada. La meditación ha silenciado un poco, a esos monos aulladores que tejen mis pensamientos. Las ideas compulsivas no me desgastan, no me roban tiempo y me alejo de aquellas personas que quieren disminuirme, como en un acto de venganza, de resentimiento por lo que otros hicieron en ellas, por sus sueños diminutos. ¡Qué se vayan a la mierda!, ¡Ah, cuánta paz! Hoy no negocio mis sentimientos, no regalo mi tiempo a quien no lo merece. Aunque, bueno, el tiempo ya poco importa. Como va cambiando uno en un lapso tan corto. Quién sabe que encontrarás de mí cuando vengas. Tal vez nada, Tal vez todo, de seguro el amor flotando, como esas nubes bajas que se posan sobre las montañas. Ha sido un buen año, hasta ahora, he aprendido muchas cosas, de seguro nos servirán.

Otro final

Cuarto inicio

¿Qué pasa? Estoy seguro de que no es tu estrategia el vaivén de sentimientos, marearme en esa montaña rusa en que has convertido el amor, dudo que seas tú la que esperé, a ratos quiero disfrutar lo que ofreces, a ratos lo quiero todo y eso complica la vida.

Hagamos cuentas: no recuerdo cuantos besos (muchos, infinitos, lentos, desesperados, saliva, lengua), Un abrazo desnudos (inolvidable), varios abrazos vestidos, caricias (muchas, tiernas, vulgares, profundas, superficiales), sexo (no sé cómo llamar a lo que hacemos, no es sexo, es una exploración, es una vaina de astronautas), palabras bonitas (te quieros, me encantas, me gustas, gracias (muchas, muchas), hablar de sueños (quiero que se te cumplan todos y seas feliz), risas (inagotables). Es lo que llevo hasta el momento; porque las noches en que no he dormido pensándote, todo lo que te he escrito, tus silencios, tus dudas, mis ansiedades; todo eso hace parte de la maquinaria de esto que vamos viviendo (qué hijo de puta eufemismo para decir que hay una relación) pero eso hace parte de la doble contabilidad que te gusta llevar, por miedo a los impuestos (eso aquí no es ilegal. Tonto, pero no ilegal). Y dejaré como un activo fijo, que dos veces te cargué desnuda, eso se valoriza en el mundo de las cosas importantes. Ese es todo mi informe. Es toda mi basta riqueza. Esta es mi subida.

Esta, la bajada. Me levanté de repente. Esta vez no fueron esos dolores del corazón los que me despertaron. Son las 3 de la mañana, más unos minutos indeterminados. El fantasma del primer piso está raspando las paredes de su dimensión, intentando cruzar a la tibia realidad. Al principio, cuando escuchaba los vanos intentos de sus uñas, pensaba que era el perro de los vecinos. Los vecinos se mudaron hace un mes. Pero ahí sigue el sonido de rasguños. En el exorcismo de Emily Rose, a esa hora atacan los demonios. Ya no siento miedo. Imagínense, si ya no siento el dolor de ese monstruo mata tripas que es el desamor, mucho menos voy a complicar mi alma con terrores inconcretos. Los demonios también se pueden ir a la mierda, allá dónde ahora mando todo, sin vacilar. Parodiando a Carranza: "Ahora soy un río llamado Efrain", una de las tantas serpientes que recorren el planeta y desembocan en el mar. Te conviertes en lo que temes, le temo a las serpientes. Le temo al amor, le temo a estar juntos, le temo a ser tu prioridad, le temo a una vida juntos. Heme aquí, invocando al diablo en tu nombre.

La estoy pensando. En esa serie de momentos que conforman la ilusión: caminar juntos de la mano, hablar de cosas baladíes en un parque, hablar de cosas profundas en una playa, acostumbrar mi mano a la curva de sus nalgas, respirar su aliento, ser el dueño del tiempo de sus abrazos. Horas imaginando; ¿Qué se hacen todas esas imágenes? ¿A dónde van? ¿En qué se transforman? ¿En qué me convierten? ¿Serán solo pensamientos disparados a la nada? ¿Al limbo? ¿Qué tipo de basurero será ese limbo de las fantasías de la gente? ¿De esto se alimenta el diablo? Imagino demonios drogándose, aspirando como perros asfixiados las quimeras de los amantes. Te estaba pensando, ahora simplemente creo que alimento una dimensión decadente que vive de suspiros. ¿Acaso no es eso el universo? Habrá fieras de vacío que se alimentan de nuestros abismos, de nuestras distancias y no las vemos, pero gozan saboreando el que tú no me quieras. Mejor te pienso, qué importa engordar demonios. Te pienso aquí, viéndome escribir y temiendo en tu interior, que siga desperdiciando mi vida en cosas etéreas, pero queriéndome tan putamente, que eres capaz de vender tu alma para que lo siga haciendo. Así te pienso a esta hora, este mes de noviembre, mientras escribo, mientras espero al sueño…

La inundación llega impetuosa, haciendo ruido, avasallando. Pero se va lenta y silenciosa, recogiendo lo traído. El agua y el amor solo se quedan en donde los retienen. Me voy, ya llegará otro invierno, otras aguas, otro olvido.

Sexto final

Quinto inicio

Dicen que no es ético nuestro amor. Con lo putamente difícil que es amar y coincidir; sumarle que debe ser ético es un despropósito. Ocúpense de sus aburridas vidas de mierda. No le sigan metiendo temores a Sara, no es fácil hablarle de libertad entre tantas voces que censuran; no quiero que ella me guarde como a un porro, no quiero que me consuma a escondidas, que me niegue, no quiero ser un mal vicio. La miro como si fuera luminosa, como si fuera un cocuyo; quizá porque a ratos me toca mirarla desde las sombras de su pasado.

…Y también hay quienes dicen que mi amor por ella es muy crudo. Como si no estuviéramos hechos de carne, como si no hubiera deseo y drama. El amor real no es perfecto y está lleno de mucha mierda por recoger; tener la entereza de estómago y corazón, para hacerlo, es la mayor prueba, es el precio por lo sublime. Cuánta mierda más no limpiaría por poder seguir despertando a su lado, por chupar su vagina como si fuera la fuente de la eterna juventud, por penetrarla como si estuviera cincelando roca. La mierda que falte por respirar a su lado. Porque me diga que me ama a pesar de que estamos llenos de dolores.

La noche está vacía. Podemos construir cosas, el espacio es un vientre en dónde engendramos existencias. Bla bla blá, en resumen, antes de que me extienda; tu lengua no está y en esa ausencia se puede construir otro universo. Estamos a mano. Nunca me podrás olvidar, siempre que la vida te joda, buscarás a tientas mi cuerpo, con timidez mis palabras y vaina fregada. Ya no estarán. Abrimos boquetes el uno en el otro, y como si nos despresurizáramos, se nos escapan los sueños por los agujeros que dejó tu lengua, por las rendijas que abrieron mis palabras. Estoy cansado, mejor dicho; desgastado. La semana fue dura, estuve en Santa Marta tratando de culminar una lucha de décadas, y escribo cosas igual de fatigadas. Mañana será otro día, me estoy desprendiendo. Ve imaginando ese momento, cuando la mujer de la que escriba, ya no se parezca a ti. No es una amenaza, solo es una larga despedida.

Mi pecho con la marca de sus dientes, sus nalgas y su cuello con las marcas de mis manos. Ese fue el resultado de esa contienda, de ese evento bonito en el que cada uno piensa en el placer del otro por encima del propio. Me dijo, no te limites; y me enamoró. La embestí, quise romperla, partirla, y armar una mujer que me amara. Como si fuera una tarea de origami; recogía sus piernas, las estiraba, acomodaba sus brazos, la volteaba, la levantaba, no era kamasutra, no era nada hindú. Era una vaina japonesa. Yo quería, doblando aquí, ensalivando allá, golpeando por acá, rasgando en unas partes, acariciando en otras; formar un ave. Hay aves que vuelan, hay aves que hacen volar. Ella es de las dos. Aún olfateo mis manos como un viejo sabueso, para recordar como un adicto con síndrome de abstinencia, lo que pasó anoche. Y ni siquiera toda esa cantidad de diferentes fluidos que ambos tragamos, llenaron el vacío y la oscuridad de la noche, como el silencio que llegó después de que ella respondió: "Yo también te quiero", al despedirse. Lo importante no fue la frase, fueron las fracciones de segundo que sobrevinieron, todo se llenó. Todo, corazón, papel, mente y ciertas trochas oscuras del desamor se allanaron como pista de hielo. De todas formas, no le cuenten lo que escribí, tiene esa malparida tendencia a llevarle la contraria a las cosas tiernas. Solo porque sí.

Y con el temor de parecer un aborto de poeta maldito, debo confesar, que solo he hecho el amor una vez en mi vida. Follar, follar, ya perdí la cuenta, piensen lo que quieran, que es porque la edad ya me jodió la memoria o porque en realidad he sido afortunado y mi vida sexual ha sido como la de un martillo hidráulico. Lo importante es que he hecho el amor una vez, y fue hace dos meses. Pensé en ese momento, que sería una faena más, un ejercicio de taladrado, aplanado y brochazo; pero la vida tiene sus maneras de recordarnos que ni ella misma es infalible. La noche fue normal; nalgadas, penetraciones, mucho sexo oral sin restricciones, palabras obscenas, gemidos y por fin, hablamos de sueños. Ese día, desperté temprano y me quedé pensando en ella, ¡Hijueputa! ¿Qué pasó? ¿Qué mierda acababa de pasar? ¿Por qué la pensaba?, ocurrió la destrucción de dos mundos. Ella se montó sobre mí, tomó mi miembro, se penetró y me cabalgó, lentamente, voy a recalcarlo, lentamente, y entonces: me miró, y la miré, tiemblo al decir eso, porque esa mirada no ha cesado, lleva dos meses ocurriendo, aún vivimos en esa mirada. La penetración solo era una excusa para hurgarnos las almas, para acudir a los llamados de auxilios de cada uno, la mirada fue un puente para que sus duendes bajaran a reparar las fisuras de órganos que nunca he tenido y para que los míos se montaran a dibujar flores de pétalos exagerados en las paredes de su destino. Ahí estamos, en la mirada, pegados como esos pobres perros que se aparean, desesperados, intentando soltarnos, pero tenemos demasiado inflamados los sentimientos. Sigue la mirada, ya es más que nosotros mismos y más que las emociones, nos seguimos mirando, aunque lejos, aunque no nos vemos. Ese día, no ha terminado, porque no quería que terminara. Ella se fue, era de noche, la mirada, aún siguen en los dos, por eso no dormimos, la mirada es intensa como un sol gigante, y el día es eterno, la noche nunca nos llega y de alguna dimensión escondida nos tiran confeti dorado y celebran lo que, desde aquí, miramos con nostalgia. Hice el amor ese día y fue por los ojos, ahí realmente la poseí, llevo dos meses poseyéndola, su destino, su tranquilidad, sus sueños. Y obvio, ella está en mí, la siento en cada célula, en cada letra que escribo, en cada paso, en cada olvido. Esto se descontroló, sin aviso, sin sensación de cosas inminentes. Ya ella no quiere que la llame, ella. Sara quiere ser quien es, esa mujer que aún me cabalga en cámara lenta, para que no se le escape ni un instante, ni un suspiro.

Llevo semanas sin dormir bien. Ya saben que había dicho que, en mí, la carne y el alma estaban separadas, que podría penetrar mujeres sin que me aumentaran los latidos del corazón y sin que recordara sus olores o incluso sus nombres al día siguiente. Hoy 20 de abril, me consume la ansiedad, como a un cigarrillo abandonado en un cenicero, su fumador tuvo una urgencia y deja ahí el cigarro destruirse lentamente en el olvido, manda señales de auxilio en el humo, pero ¡qué va! todo el mundo anda ocupado como para fijarse en las urgencias de un tabaco envuelto. Así de insignificante y destruido se siente en el desamor.

Necesito su sexo, y su alma, sentir su presencia, su energía que aún falta por determinar, probar su piel, lamer su vagina, mojar su espíritu, la necesito completa, una aberrante posesión del otro, lo sé. Ayer en un arranque de esos, que no conocía y que ahora son habituales, le dije que ella y yo, no somos almas gemelas, que somos almas siamesas, que nos unió enfermizamente el destino y somos una deformidad del amor, juntos, entorpeciéndonos el uno al otro, pero sin poder separarnos. Separados moriríamos, compartimos el corazón, bueno, uno de los dos moriría, de seguro sería yo. El que ama, es la parte débil, el fusible que se quema.

No puedo dormir y ya probé lo de la masturbación, llevo 4 seguidas y aún pienso en su mirada, no en sus ojos, en su mirada, que quiero que nunca me desampare, quisiera que fuera su mirada lo primero en sentir en las mañanas y lo último al anochecer, no me gusta repetir frases, pero, la extraño completa y por partes. El reloj muestra las 3:33 AM, la hora en que los demonios salen, quizá por aquí pululan y no los veo, la habitación está oscura, pero mi mente está encendida, los demonios más terribles se ven con los ojos cerrados y hablan con mi voz y besan con su boca. Ella de seguro duerme y sueña con una vida normal. Yo no puedo ofrecérsela, no soy normal, carezco de definición e intereses, me paso los clichés por el forro de mi verga, y me enfurece cumplir con el cliché del que se pasa las cosas por el forro de la verga, soy la eterna lucha, las historias interminables, la mirada perdida después del sexo, y ahora soy la forma de extrañarla, como si su significado fuera, convertirla en una extraña, sí, la estoy extrañando. Y eso duele, tanto que no hay manera de describirlo, no tengo los recursos literarios para poder acercarme a un concepto de ese dolor, de esa queja, del suplicio que significa que ella y yo, ya no somos.

Siempre despierto dos o tres veces en la noche. Nunca he sido de buen dormir. Cuando duermo con alguien, si me gusta; después de cubrir su cuerpo descubierto (actos heroicos anónimos) acerco mi nariz a su nariz, me gusta eso: sentir su respiración, su rostro cerca, su boca cerca. Si está de espaldas, la abrazo, pego mi pene a su culo y mi rostro en su cabello. Ese olor, de *shampoo* o de fluidos que de mi mano pasaron a su pelo durante el sexo. Me duermen, me hacen sentir que llegué a algún lado y eso me genera paz. Los hogares de los hombres no siempre son 4 paredes, a veces es un aliento, un cabello, una sonrisa, o una vagina. Vaya uno a saber qué te brinda refugio. Cuando la luna está clara o la luz de los vecinos ilumina más de lo que debiera. Miro su rostro, hay mujeres que son hermosas cuando duermen, no pareciera que hicieran una necesidad básica del cuerpo, sino un acto premeditado. Mi mirada debe ser fuerte y no lo he notado, porque algunas se despiertan asustadas y me preguntan qué miro. Yo sonrío y digo: nada, me gustas. Al día siguiente nos reímos, pero me siguen mirando como si fuera un asesino en serie. Me gusta mirar a los ojos fijamente, y créeme, no te escucho, y me puedes tocar y no te siento, te estoy mirando, eso es todo. Los hombres que amamos, sí existimos, pero damos miedo

Ella me juzga, dice que exagero. Pero no se ha visto a través de mis ojos y ese es todo el problema (frase de cajón, lo sé. No había otra manera de decirlo. Me da rabia y me siento común, pero cuantas cosas que odié por comunes hoy las quiero con ella. Ir de la mano por la calle y que en mi interior un hombre vaya saltando y lanzándose por las escaleras, como en esos vídeos graciosos de reacciones de personas que se ganan un gran premio. Pasar los horribles domingos echados en cama, en pijama, viendo películas, ella creyendo que me concentro en la trama y yo pensando que anduve buscando emociones en mis días libres, cuando sentir su cuerpo tibio junto al mío, su mano en mi pecho, su aliento en mi cuello condensaba toda la emoción del mundo. Cocinar juntos, odiar juntos, ver un amanecer que tengo en mis recuerdos con coordenadas exactas.

Sara es dura, o desconfiada, o ambas. Es inexpresiva, no me deja saber lo que siente, algo protege, algo esconde ¿Una bestia, un ángel, una mascota de ojos tristes, un bosque, un océano? Solo deja salir algo cuando siente que me pierde, que me voy. Yo regreso corriendo a estrellarme con el muro que construye más rápido que *Mario Bros.* Es un juego y yo soy la pelota. Tantas cosas se pierden mientras se juega, hasta el juego completo.

La quiero, dice no creerme o no le conviene creerme. No se ha visto a través de mis ojos, sino se daría cuenta que yo no veo en ella una persona. Veo un lugar donde llegar, por fin. Donde ver los amaneceres, donde recordar con nostalgia bonita, que alguna vez estuve desesperado por encontrarla. Dice que los poetas somos unas mierditas. Tiene razón.

Nunca olvidaré nuestro primer viaje a conocer el mar, yo estaba en la habitación de al lado, fingiendo ser un amigo que finge ser un amigo, una trama de esas complejas en las que toca meterse cuando el amor es prohibido, y ahí estoy. Todo duerme. Pero no el mar, ni los cangrejos que cargan en su caminar robótico sus miles de huevos, ni yo. Yo no duermo, yo trato de que la vida se me parta en dos. Regresé, eso creo (no hay serios indicios), después de besarte, de hacerte mía (no en un término machista, y si me juzgan, me vale verga. Ella me quiere y le gusta hacerse mía), de confirmarme tuyo. Lo que se vino conmigo, te escribe, te extraña a pocos pasos, te extraña aun con tu saliva sin secar en mis labios, aun con mis dedos untados, aun con el sexo complacido. Lo poco que se vino conmigo quiere regresar donde ti, escuchar tu respiración mientras duermes, tocarte con las manos llenas de memoria. El mar ruge ¿Lo escuchas? No te traje a él, yo llevé el mar hasta ti, pero no te has dado cuenta, son

efectos de ubicación, que aún no sé cómo los logro.

Me gustan sus tetas. Se sienta en la barra de la habitación del motel, con su pecho descubierto a fumarse un cigarrillo. Me pide que me aleje para que no me moleste el humo. Me acerco sin decirle lo que pienso (que le prestaría mis pulmones para que se fume esa mierda). La miro e iniciamos conversaciones rarísimas antes de follar. Mis ojos la recorren toda mientras fuma, y ella sabe que la miro. Es muy interesante, pero trata de parecer más interesante y eso me halaga. No voy a describir otra vez lo que es el sexo con ella, a nadie le interesa, pero es un descubrimiento nuevo cada vez. Yo le pregunto cosas y más cosas, porque lo que quiero penetrarle es la vida, ella me pregunta cosas y más cosas, porque sabe un secreto de mí, y es que estoy a punto de descubrir cómo funciona la vida; los patrones que la rigen, las normas cósmicas que nos joden o nos hacen felices. Sigue conmigo a pesar de que nos separan muchas cosas, porque sin vanidades; soy lo más raro que podrá conseguir en varias vidas. No le gustan los tipos comunes, y no soy común. No sé si eso sea bueno, pero no soy común. No soy lo que aparento; tengo revoluciones de sangre, fuego y poesía, perversiones que se oscurecen, bosques encantados con lobos inofensivos y caperucitas castradoras, mares de sirenas de pechos duros y bocas que buscan anzuelos grandes. Ella me mira a los ojos y logra ver mi barco en la tormenta, allá a lo lejos donde mi mente no me pertenece. Teme perderme, me lo ha dicho, pero también me dice que no puede conservarme. Noto su lucha en esa contradicción y entonces soy yo quien solo puede observar su tormenta. Pero su tormenta me golpea en las pelotas como un golpe de Mike Tyson. Caigo, me revuelco, me pongo de pie, lagrimeo y sigo en la contienda. ¿Por qué? No sé, yo tampoco quiero perderla, aunque me vomite en ese trompo en el que me monta. La nombré Sara La Verga, porque cuando decide alejarme, lo hace como la más infeliz de las arpías, luego se da cuenta que de verdad puedo irme y me busca, así se pescan los peces más grandes, los peces más tontos, tira y afloje.

El amor es quedarse vacío, dar todo, es la apuesta. Y entonces cuando te quedas sin nada, el otro sin avisar; te entrega el doble. En ese trueque de completar y regalarse, se nos debe ir el tiempo. El tiempo feliz. Pero a veces, ambos pensamos en ti y la energía se me va empaquetada en todo eso que amo hacer para que estés bien, y no regresa. La soledad entonces ya no es una sola, son dos soledades, la mía, más la que me dejaste. Te quedas con todo, lo de ambos. Pero nadie te ha contado que el exceso también enferma, se te vuelve obesa el alma, lenta, perezosa, una serpiente desfigurada. Nada te satisface. En cambio, a los que entregamos todo; los pequeños detalles, el contar con alguien en los momentos complejos, se nos vuelven joyas invaluables y nos volvemos seres agradecidos, bonitos. Por ahora, por ahora… Tu y yo, seguimos pensando en ti. (Ese "por ahora", no es amenaza; es el felino del olvido que empieza a lanzar zarpazos en el aire; siempre persigue a los poetas).

Un final extraño

El inicio de algo

Ayer salí con la mujer que no les teme a los fantasmas, fuimos en medio de la lluvia a comer a un restaurante japonés en el poblado. Había bastante gente, de esa gente que nunca ha tenido el predicamento de hacer rendir un guiso de una lonja de mortadela, esos que tienen su propio país. Mucha gente linda, como decía un amigo, cuando no te ha faltado un bocado de comida, se te nota. Detrás de la mujer que no les teme a los fantasmas se sentó una rubia bonita. Al rato, la mujer que no les teme a los fantasmas, me reclama suavemente y con celos, por estar mirando hacía la mesa de la rubia. Inmediatamente le respondí algo que me salió del alma y de los dolores: yo estoy aquí contigo (le tomé la mano) y no voy a mirar a otras cuando estemos juntos, me soltó una sonrisa que me hizo sentir un hombre multiplicado por tres. Realmente miraba la comida rara que, en la mesa de la rubia bonita, pidieron. Lo siguiente ocurrió en mi mente: Como le voy a dar tu tranquilidad y mi atención a alguien que no conozco. Tú quizá duraste horas arreglando tus crespos, eligiendo la ropa, untando tu cuerpo con cremas y perfumes, maquillando tu rostro, rechazando otras invitaciones, inventando excusas, para estar conmigo caminando bajo la lluvia, pensándome, preparando temas de conversación, rogando porque todo saliera bien, deseando que la comida me gustara, escuchándome, contándome, tocándome, riéndote de mis pendejadas. En realidad, la rubia, que no tiene la culpa de estar ahí, me vale verga, yo estoy aquí contigo (hasta aquí todo lo que pasó en mi mente). Sentí que algo había cambiado en mi vida, que empezaba a darle a las personas su valor. Comimos un Sushi delicioso y reímos, salimos nuevamente bajo la lluvia y nos guarecimos en la entrada de uno de esos caserones envidiables que aún quedan en el poblado. La mujer que no les teme a los fantasmas sacó un pequeño porro, minúsculo, ínfimo, aún hoy me pregunto cómo era capaz de agarrarlo y de fumarlo, le dio tres plones o pitazos o bocanadas, en fin, y me habló de sus sueños, me habla mucho de sus sueños y eso me gusta. Se le ponen los ojos chiquitos cuando fuma un porro y habla cosas tiernas, hasta ahora no me muestra sus demonios y yo voy descubriendo que el sufrimiento me ha convertido en mejor persona. Así preparaba el camino hacía a ti.

El final de ese algo

Todo me regresa a nuestro inicio, Siempre hay un contrato tácito entre dos personas que solo follan. Y es precisamente ese, cumplir el objeto de solo follar. Quebranté esa cláusula escrita con el vapor de aliento en el espejo. La pensé; vestida y de mi mano. La pensé; sonriéndome cerca, la pensé... La pensé. Es el riesgo, con suerte, ambos incumplen y se forma una historia de amor. PERO, Sara ayer me dijo después de reír y comer algo, que no estaba preparada para una relación, no quería compromisos y otras cosas más que siempre se dicen en estos casos, cosas de manual. ¿Ahora qué? Pensé. Sincronizar su agenda de penes con mi agenda de culos y encontrarnos furtivamente en esos días sin citas asignadas, no hablarle de los universos que siempre han estado allí pero que solo hasta ahora descubro, me los robo a pedazos y los pongo a madurar en las hojas de mis libros, de las soledades que mato a cachetada limpia, de las revoluciones y las pasiones que mueven a los insensatos. ¿Entonces? Continuar como si no soñara que apriete mi mano sin pedirlo o ¿Volver trizas el contrato invisible? El manual también dice cómo termina esto. Ese manual tiene una hoja en blanco, la última hoja; para desahogarse. Yo escribí allí, en resumen, después de repasar cada cosa de su cuerpo, de su mirada, de su rebeldía, de su sencillez. Que no hay manera, una puta manera de salir ileso de una mujer como ella, que me bebí su aliento y sus fluidos como si supiera que serían la última vez, los hambrientos sabemos qué es eso. Terminé diciendo: que asumo la sanción por incumplir el contrato. Sí la conocieran, sabrían por qué uno es capaz de morir dolorosamente con una sonrisa en los labios. Solo gracias por cada momento y pido disculpas por querer más, tengo un alma ambiciosa.

Perdí la cuenta de las fluctuaciones, de la dicha a la desdicha, debe existir un cálculo de esa frecuencia, una explicación matemática y una proyección que anticipe como seguirá esta relación, cuál será su siguiente movimiento y en cuantos días.

Muchas veces, después de esta maratón que ha sido la vida. Un Correr por el amor, por el éxito, por el placer. Solo quiero detenerme, sin que nadie me espere, sin que nadie me empuje, sin que nadie me anime. Detenerme, dejar que los motivadores y los aupadores sigan en su afán, en su desespero por encontrar algo que los haga felices. Yo solo quiero suspirar, cerrar los ojos, recostarme a un árbol, sentirme culpable al escribir tu nombre en su corteza y escuchar el canto de las aves que siempre estuvieron allí. Detenerme, verte ir, porque, en definitiva, ni, aunque nos entreguemos, somos nuestros. Eres de otros ojos, de otras manos, de otras palabras, de otros escritos, de otra vida. Sigan adelante, sigue adelante, la tierra continúa siendo redonda, no hay manera de llegar más lejos, pero inténtenlo, sin mí. Ya no quiero avanzar sin comprender. Sacaré mis apuntes y escribiré algo sobre ti, con lentitud y buena letra (solo por esta vez) que diga algo más o menos como que: un hombre tiene derecho a no intentarlo más. Y ser reconocido ese acto, como el acto de amor más zipotudo del universo. Me has visto quererte. Lo entenderás.

De todas maneras: "nada más aburrido y monótono que los amores posibles…" (Efraín José-Sexoledad 2016)

Me trago las palabras con sal y limón para que pase inadvertido su sabor amargo, para no arrugar la cara cuando las pruebe. Se pasa uno la vida intentando ser diferente, criticando lo común, detestando las vidas libreteadas, los escenarios repetidos; naces, te casas con alguien que conociste en un baile, te reproduces a duras penas, compras un carro, un apartamento, y los pagas hasta que te mueres, fin. No quise eso, lo intenté con todas mis fuerzas y mis escasos recursos, y después de tantos años, lo logré. Es por lo que ahora mi amor también es diferente y mi amor y yo, no vamos tomados de la mano hasta su casa mientras jugamos a quitarnos el helado untado de las comisuras de los labios. Su mamá no me invita a comidas asquerosas, pero que yo engulliría como una prueba de amor, su papá no me invita a cerveza y me cuenta sus historias de lo que pudo haber sido y no fue y yo fingiría mucho interés. No hay fiestas familiares en dónde los suyos y los míos nos critiquemos unos a otros con cierta ironía como muestra de que juntar los dos apellidos será una mierda, pero que igual, de eso se trata formar una familia. No, mi amor es diferente. Es una novela y aunque no quiero parecerme al idiota de Florentino Ariza, ni a Forrest Gump, ni al súper pendejo del italiano Pietri, y obviamente no quiero que ella sea como las hijas de puta, de Fermina Daza, Jenny y Amaranta Úrsula, repito, muchas ¡Hijas de puta! Para allá vamos, hay algo teatral y trágico en lo nuestro, un tremendismo que se combina increíblemente con el importaculísmo, un mundo que coincide y otro que estalla en pedazos, pasión y depravación que se revuelve con pereza y desidia. Tengo urgencias que ella no entiende y ella tiene calmas que yo no entiendo. Nos amamos sin saber por qué, como debe ser un amor que joda la vida, hay fuerzas superiores en él, cosas de estrellas y profecías, como algo escrito por alguien con la cabeza muy podrida. Así es mi amor, así es nuestro amor, diferente, la historia que contar, la sonrisa que se oculta, el sabor de su vagina, el drama que observa en cada esquina, la cama que traquea, los labios, todos, todos los que tiene y los míos, que se juntan que se besan, que se chupan, las lenguas que se tocan, que se raspan, que se mojan. Los destinos, que se cruzan, que se anhelan, que se pierden, los sueños que son, que se incumplen, que se tienen. Tengo algo más que contar, es cierto, y cuando lo hago, soy infinito. Pero por primera vez, necesito que la contemos juntos, de la mano (¡y no quiero terminar este texto con el recurso común de utilizar la palabra eternidad, pero ni modo!) y así entre los dos nos apropiaremos, como una especie de cuatreros, de la palabra eternidad.

Yo sé, por ejemplo: que la cultura es solo un mecanismo de defensa de nuestra especie, que, de otra manera sin esa distracción, sin la personificación permanente de ese garabato que somos en este entramado dramático, sucumbiría en oleadas y oleadas de suicidios por causas existencialistas. Necesitamos metas estúpidas; como adelgazar, tener un auto, graduarse de cualquier vaina, pagar créditos y morir sin pensar. Pensar mata; un día sin aviso, una trenza formada por muchos "por qué" y "para qué" te anuda el cuello y te lo estira como a un pavo. Mi hija tiene solo 8 años, 8 añitos y me pregunta que si he visto a Dios; trato de evadirla con una respuesta místico-mierdosa y le respondo: claro, lo he visto en tus ojos. Ella me dice: es en serio papi, ¿lo has visto en persona? Me rindo y para no mentir, le digo que no. Entonces no existe-- Concluye. Pero si Dios no existe, ¿Quién creó todo esto? Pregunta ella al aire.

Ya te dije que tiene 8 años ¿cierto? También te conté que a esa edad mis padres prefirieron revelarme que ellos eran quienes compraban mis regalos de navidad, porque no supieron contestar a mi pregunta de por qué Dios quería más a los ricos que a los pobres. ¿Notas la malparidez de la genética? No te dejes preñar de mí. Busca el esperma de esos a los que les gustan los "istas", que se sienten orgullosos de ser seguidores de otro más marica que ellos. Suena a crítica, pero no lo es. Los envidio, son felices lamiendo jopos. La taberna y el fútbol son el 90% de sus conversaciones y no leen a gente como yo. Son felices revolcándose en este caldo de fideos. Tendrás una manera sencilla de sobre llevarlos, su tristeza se curará con cerveza y sexo mezquino, fórmula mágica para todo lo que los aqueje. No te dejes preñar de mí. No querrás hijos empecinados en buscarle el fondo a los espejos, atollados en el lodazal de incertidumbres de las que nos advierten todos los libros sagrados. No lo querrás...

Y hoy, como todos los domingos, es domingo. No crean, a veces no lo son, aunque lo sean. Pero no me voy a detener en explicaciones que terminarán con la evidente conclusión de que hoy: es domingo. Total, hoy es hoy, y hace frío, y ella no está conmigo y eso es lo importante y lo fatal de todo este asunto. Anda en mundos que yo recorrí ya, a lomo de mula, pero no se confundan, yo era el que cargaba a la mula. Es así, mundos donde solo florecen plantas almívoras (que comen almas), me acabo de inventar eso y sé que a ella le gustará, aunque me mire desde esa distancia, donde aún la veo. Pero ella es como esos astros que se extinguen y aun su luz sigue llegando a nosotros por aquello de la distancia cósmica. El desamor se ha calmado y ahora es un perro echado después de lamerse las bolas, mira con sus ojos tristes, pero tiene las bolas limpias. Escribo de urgencia, debo preparar el almuerzo, almuerzo para uno, y es la forma más dura de extrañarla, no verla degustar lo que le cocino y que después ella me compense y me deje probar sus sabores. ¡Carajo! No debí mencionar sus sabores, porque ahora voy a salivar copiosamente durante media hora y debo evitar que el morbo empañe lo que trato de explicar sobre mi forma de extrañarla. Lo nuestro no ha sido común y luego les contaré por qué. Estoy tratando de luchar contra mis vísceras y mis papilas que extrañan sus fluidos (esto se acaba de descontrolar), pero así es, me volví un catador alrededor de su cuerpo, no se imaginan, no, no se imaginan. Me detengo ahí, porque ya busco con la lengua por toda mi boca, algún vestigio de aquellos sabores alcalinos. He dicho mucho. Lo he dicho todo, estoy extrañándola completa y por partes.

Me perdió, el tiempo le dirá cuanto es eso. Ya no me encontrará en los surcos al lado de la carretera que abría con su arrogancia, en el vaho que deja la soberbia del que se siente amado por sobre todas las cosas. Ya llegué a esa etapa del duelo, en que me doy cuenta la clase de hijueputa que ha sido conmigo, llegué a ese punto en el que le embargo el mar, las dulces y enormes sandías y otros chécheres del alma que uno construye a mano y con hilitos mojados con la lengua. Desmonto las palabras y recojo la pita de las cometas que formaban su nombre, el concierto terminó, las canciones se cansaron, los músicos se durmieron. Las sonrisas de otras me esperan como buitres blancos, los culos ondean como banderas, el guerrero derrotado también tiene festín. Ya ellas saben que hay dolor, y saben que hasta sin dolor, embisto como un toro embanderillado, y ahora con el alma vidriosa están seguras de que no tendré piedad de sus cuerpos, y eso les gusta. Es un texto muy triste para un abril, y no me siento así, pero lo escribí así, quizá mis manos aún necesitan hurgarte y escriben lo que les da la puta gana, pero yo no, otra persona me escribió el último mensaje del día, otra persona me escribirá el primero mañana y tu nombre se perderá aún más en ese arenal que formaron las mentiras, las humillaciones, los besos negados, las citas incumplidas, el sexo frustrado, las llamadas rechazadas.

Suena una canción a lo lejos, no sé qué relación tendrá contigo, ya no eres una premonición, en fin, suena "La caja negra", me recuerda que por mis venas corren ríos antiguos, que hay leyendas tejidas en mis apellidos, que hay santos y demonios, abolengo y esclavitud en mi sangre. Soy de esa raza del acento que lame, de la mirada perversa y la sonrisa sincera. Tengo sueño, ¡volvió el sueño!, buena señal.

Sara no me cortó el pene, y eso que le hice el amor como si fuera un violador vengativo. En mi mente también la penetré como si fuera un puerco espín teniendo sexo. Así, por cada poro quise entrar, cada poro y cada fisura de su existencia. ¡Y no me lo cortó! ¿Qué haría un hombre sin su pene? sí es su bien más preciado, incluso más que el corazón. ¿En un incendio que salvarías? Obvio, mi pene. Ya quedó claro, soy un pene que escribe. No volveré a mencionarlo porque ella no me lo ha cortado, pero no quiere decir que no lo piense. Ya me ha atravesado la vida a puñal limpio, a sonrisas y fluidos, a canciones y miradas. Está agazapada esperando, tiene garras que Wolverine envidiaría y un instinto para encontrar los puntos de mí dolor, que los putos amos del *Shiatsu* se cagarían de la vergüenza. Me dice que me quiere y me duele, me

131

dice que no me quiere y también me duele, me dice que soy todo para ella y me duele, me dice que soy nada y es peor. Su sonrisa amplió el espectro del sufrimiento y yo pruebo remedios caseros para daños irreparables. La quiero, y no hay lenguaje que permita a un humilde campesino como yo, describir cuánto es eso. Ni siquiera con las exageraciones de "Mincho" cuando desde la hamaca decía: que nos quería desde la troja de las tusas, hasta a aquel lucero. ¡Pendejo Mincho!, él que va a saber de magnitudes. La realidad, si se puede llamar realidad a este vago trastorno de los tiempos, es que la quiero totalmente, incluso quiero su manera absurda y soberbia de volverme mierda. Son las 12:36 a.m. y he sobrevivido al desamor, sin drogas, sin alcohol, sin sexo, sin las paletas de milo y sin ver porno amateur. Ojalá ella no sufra nunca más, ya ha sufrido bastante y por eso masca el rencor y le suena la mandíbula cuando lo hace. Me mira y me mira con los ojos llenos de todos los odios juntos, y yo, yo soy solo uno más de los que se equivocan a diario, y tomamos el bus para la Alpujarra en lugar del bus para la Oriental. Es una analogía tonta para decir que ella no sabe que me he perdido, pero no ha sido con intención, solo soy un pendejo.

Hoy me dijo por enésima vez que ya no más, y ya saben, escenarios comunes; eres especial, mereces algo mejor que yo. No la critico, yo lo he hecho, es difícil, tremendamente complicado y la compadezco. A mí no me compadezco, estaba en ese punto en que tomo decisiones para toda la vida, llevado por el amor, y todos saben cómo me ha resultado eso hasta ahora. Guardaré silencio un tiempo, como acto de dignidad y para seguir protegiéndola del dolor y la incomodidad que produce ver a otro ser sufrir. Lo más probable es que me endurezca de nuevo, que me folle cuanto caiga en mi camino, para penetrar en cada mujer, el alma de la que no me quiso ¿Excusas para follar? tal vez, siempre buscamos excusas para despertar a los demonios distractores. Pero en este momento no sé nada, tengo esa mezcla entre ganas de gritar, de llorar, de estallar, algo así como una inmolación, pero desde adentro, como combustión espontánea, como un terrorista del amor, sí, lo dije y vomité sobre el teclado mientras escribía esas tres palabras, pero sigamos montados en el ridículo. A los extremistas que se inmolan los esperan cincuenta y seis vírgenes en el paraíso, yo no sabría qué hacer con ellas en estos momentos, de seguro les hablaría de ella, aunque me mostraran sus pezones rosados y erguidos (pero denme un tiempo y las atiendo). Un hombre enamorado es un animal castrado a navaja sin filo. La vida sigue, las premoniciones se cumplen y mi destino señala otras tierras. El caminante solo carga el olvido, el mar hace su llamado, las sirenas cantan algo en una lengua inexistente, inventada a diario. Me voy, y no es una amenaza, es un destino. Me tragué una a una mis palabras, mis axiomas. Nunca pensé, que se pudiera querer tanto, y no se trató de tiempo, en un solo día la amé para toda la vida.

Séptimo final

Para follar, o para amarlas, o para alejarse. Cuando conozco a una mujer, no sé cuál de las tres cosas me va a provocar y mucho menos puedo decir que al mediano plazo esto se convierta en algo voluntario e intencional. Sería un don, mejor que la telequinesis. Miento, exagero. Pero sería un gran don, enamorarse de la persona más conveniente, elegirla con un *check list*. ¡Maravilloso!, No habría guerras, ni filósofos. Pero la realidad es que para muchos se nos vuelve una cadena interminable de desaciertos y dolor, y para otros simplemente en una elección más; y ahí van montados en esa vaca loca con lo que les toque, hasta que la muerte los separe. Entonces, la única certeza es que no hay certeza, pero ocurren cosas impredecibles, por ejemplo: que haya pensado que una mujer que inicialmente haya deseado para un ejercicio mecánico y húmedo de penetración, de repente se convierta en uno de esos amores que me harían conquistar imperios o traer el infierno a la tierra. No sé cómo explicar qué tipo de cosas deben pasar, simplemente pasan y siento un sonido; el amor suena como una rotura de huesos. Te voy a contar lo que me ocurrió recientemente, para que me ayudes a comprender que hace que ame a alguien de repente. Invité a una chica muy joven y hermosa, con el culo de melocotón y la boca amplia. Pensé en llevarla a la finca de un amigo y lamerle cada rincón de la vida. Le dije que debíamos llegar primero al pueblo y comprar las cosas para hacer de comer, se lo dije como si eso fuera un contratiempo en los planes, pensando que tal vez se iba a incomodar ¿Y sabes qué me respondió la grandísima hija de las mil putas del paraíso? Efraín, no importa, solo dime la hora a la que nos vamos a encontrar; no me interesa si hay o no hay de comer, si hay o no hay donde dormir, allá veremos cómo nos las arreglamos, yo solo quiero estar contigo y será divertido (sonido de rotura de huesos). Dejé de pensar en su culo, pienso en sus ojos y en caminar de su mano, y en tomarnos fotos ridículas, melosas, edulcoradas, viscosas, juntos, siempre juntos. Y que su humildad no era falsa y mucho menos un sacrificio. Lo otro que desconozco; es en cuanto tiempo me voy a enamorar: A veces es un lobo que me revienta cada órgano con mordisco y sacudida; veloz, voraz, asesino. A veces es un mono sacando piojos; la calma, la tranquilidad, la lentitud, la paz. Ambos son bonitos, ambos los he sentido, ambos no los han sentido al mismo tiempo que yo. El amor es solo una coincidencia, además de la espera.

Me fui, nuevamente, ya todos lo saben. Viajar cura, se estira el puto hilo rojo del amor y le fluye menos sangre, menos dolor, o a veces se rompe. Aunque a veces viajaba y te extrañaba, porque a veces siento que me acerco a ti... Porque más allá de los alientos de cementerio, en las mañanas de autobuses, pienso que estarás, no esperándome; viviendo rutinas exactas, siendo tú de la forma que sabes, sin orbitas calculadas, sin secuencias ... Pero luego luego, yo te veo y tú me ves, y se nos apodera el cliché de esto que era tan nuestro, la escenita de cajón: música de piano, el viento, un sombrero es arrastrado, un hombre lo atrapa y la mujer que persigue sonríe, un remolino cursi levanta tu falda y yo me sonrojo como si pudiera ocultar que mi alma es un despeñadero de perros sátiros y viejos, hablamos sin escucharnos, caminamos sin movernos y nos imaginamos sin pensarnos, soportamos erguidos las faltas creativas del destino y para finalizar rogamos ojo a ojo, poder recordarnos si alguna vez necesitamos. Como una invocación de súper héroes. como versos releídos…

Cuando me voy de viaje, así sea un viaje corto. Me despido de la gente más importante para mí. Porque cada despedida es una muerte. Quien se va, muere. Quien regresa, es un nuevo ser. Todos los viajes nos cambian. Yo, por ejemplo; en cada viaje me hago más fuerte, en cada viaje me voy desprendiendo de cosas pesadas, de las ataduras, de las ausencias. Suelto, antes de tomar asiento, todo aquello que no ha dado alegría. Voy mirando durante el recorrido, por la ventanilla, cosas para construir nuevos mundos, letras por aquí y por allá, letras donde ponerte a ti, nubes por aquí, cocuyos por allá, casas donde vivir contigo, ríos donde desnudarte, sonidos para pedirte que ojalá seas tú, olores y más olores en el camino para comparar con los tuyos. Me voy, te quedas. El que escribió esto, ya no volverá. Deja esa costumbre de dejarme viajar solo, porque un día de estos, me desprendo de tus recuerdos y ¿Qué hacemos? ¿Quién te cuidará como yo? ¿Quién te acariciará el culo como yo? ¿Quién te mirará como un privilegio? ¡No más! Qué despedida más larga. Dile a ese ser bonito que a ratos emerge victorioso entre la lava infernal que hay en tu corazón. Que yo estuve por aquí, que me siga los pasos, llevo sorpresas en mis manos, a las que yo mismo empaqué y anudé con nudos chuecos. Porque mi única demostración de buena estética ha sido quererte. Chao, a las 7 me voy.

Te mandé una foto, te muestro lo que se ve si le das la espalda al mar, queda el pueblo de casas de tablas y bahareque, calles destapadas y charquitos de agua salada y detrás, el mar del que te he contado. Ambos espectáculos son inmensos. A las 5 de la mañana es alucinante. La luz de la luna parece tocarte, parece tallar un camino de sirenas hasta ti. No te pongas celosa, no hay sirenas, no me gustan las sirenas, aún no he comprendido por donde se penetran y no he querido hacer la pregunta. Yo otra vez con mi perversidad, lo sé, pero te gusta, y me sale sin esfuerzo. Dejando de lado el sexo con peces ¿Recuerdas ese vídeo? el del amanecer; lo he visto muchas veces. Ese día, gran cantidad de cosas cambiaron en mí. Nunca en la vida, en toda mi vida entera y creo que incluyo las vidas pasadas, me había sentido tan solo. Así debió sentirse el primer humano, esa fue como la primera madrugada después del diluvio, como la primera madrugada después de la caída del meteorito. Exageraciones y perversiones, eso soy, pero también un extracto de soledades. Terrible combinación. Soy un consumible con dos páginas de contraindicaciones. Mira la foto del mar y olvida tantas cosas que he dicho, para donde mires, no me verás. Estaré con mis brazos rodeándote y susurrándote cosas al oído que se confundirán con el viento y con el romper de las olas. No me vuelvas a dejar solo en un amanecer como ese, esas cosas son difíciles de resistir. Uno se siente como una vela derretida al instante por un fuego imprevisto. ¡Waooo! eso fue lo que sentí; se me derritió la vida con la luz de la luna y tu mano lejos. Sabes que tomarte de la mano me salvaría de muchas cosas, incluso de mí.

Siempre que salía de la ciudad, le traía un regalo, a veces hacía esfuerzos que nadie imagina, por eso valoro tanto las cosas por el detalle y el momento (nada es pequeño), comencé a aprender más cosas, a darles significado a lo que antes pasaba desapercibido. Cuando alguien me regala algo siempre le hago preguntas: ¿Dónde lo compraste? ¿A qué horas? ¿Tenías dinero? ¿Dónde lo guardaste? ¿Cómo supiste qué regalarme? Es más importante para mí, el esfuerzo que hizo la persona por tener en ese momento justo algo que piensa es agradable para mí, que el mismo objeto regalado. A veces la persona que nos regala un dulce, dejó de comérselo y lo guardó durante horas, aun si tuvo hambre. El que nos dio un presente cualquiera, es posible que no tuviera dinero y pasó por la vergüenza de pedir prestado. Es posible también, dentro de tantas cosas, que lo que recibamos no nos guste, pero todo lo que lo rodea es hermoso, es lo realmente valioso.

Escribir una carta es algo obsoleto en estos tiempos. Parece que se hacer muchas cosas obsoletas, se escribir en taquigrafía, recibí varios años de mecanografía, viajé en tren desde mi pueblo a Medellín y me bajaba en la alpujarra (hoy es un museo del ferrocarril de Antioquia). Pero una vez recibí una carta, de alguien que quería mucho, en aquellos tiempos en que no había internet ni telefonía móvil. Y duré todo el día con la carta en el bolsillo, emocionado, feliz. Al llegar a casa no la abrí, comí, vi el noticiero, emocionado, feliz. Entré a mi cuarto me quité la ropa y puse solo la lámpara. Había esperado para que fuera el momento correcto, un momento íntimo. La sensación de rasgar el sobre es indescriptible, literalmente uno siente que liberas mariposas, o liberas todos los sentimientos de esa persona, que se tomó el trabajo de escribirte a mano, de sacar dinero para la carta y de ir al correo ¿Qué te puedo decir? En realidad, me destruyó lo que decía. Pero cuando el tiempo va decantando los sentimientos, lo que queda es lo real, lo inolvidable, y solo recuerdo la emoción que produce. Por eso quería darte lo mismo, sin saber claro está, qué te puede producir a ti, pero piensa que es como si te escribiera alguien de otro tiempo. Como si fuera yo, cuando tenía tu edad. Una carta que duró más de 20 años en llegar. Te habría gustado, era esquelético, peli maldito, el rostro suave y quería cambiar al mundo. Y yo me habría enamorado de ti irremediablemente y nunca hubiera sido capaz de decirte algo, porque la timidez me enfermaba. Aún me enferma y me hace pasar ratos complejos. Pero con todo y eso, he vivido cosas tan extrañamente bonitas, increíbles, como tú, como contigo. "Eres una de aquellas personas que no olvidaré", como dice la canción. Eres un premio y yo un alma ambiciosa, como si supiera que hacer si me dijeras que sí, como si tuviera la seguridad de querernos por mucho tiempo, como si fuera capaz de ser funcional en una relación de las que llaman normal. Pero así somos los que queremos; invasores, buscamos que nos piensen, ser prioridad, que nos sorprendan, que nos abran un lugar importante en sus vidas. Depredar las sensaciones del otro, como felinos, no avisamos, agazapados lanzamos el zarpazo, en muy contadas ocasiones, ambos se depredan y se crea de dos, una historia. No sé cómo seguir esta carta, de aquí en adelante solo pondría lo que admiro tu inteligencia, tu sencillez y algo más sobre tu culo y tu cabello. Discúlpame por pedir más, discúlpame por arruinar las cosas y agradezco el haberte conocido. Eres una cosa hermosa … Gracias.

P/d (Tengo sueño y mil cosas atrasadas, pero quería escribirte, no como siempre)

Tengo más de 40 años, lloro por cosas pequeñas (dicen que de seguro oculto un gran dolor. Así es), soy proclive a los amores imposibles y al sexo duro. Aún no sé qué hacer con mi vida. Mientras encuentro que hacer con ella hago miles de cosas lo mejor posible. Soy heterosexual y caballeroso hasta la médula, pero soy amigo y defensor de drogadictos, putas y maricas muy maricas. Tengo aspiraciones, ambiciones que son sobrenaturales y traspasan lo material, por eso me da vergüenza contarlas y solo se las digo a mis amantes cuando están algo ebrias y aceptan mis exageraciones sin aplicar filtros racionales. Parece que tengo la crisis de la mediana edad; quiero tatuarme y recorrer el mundo, cumplir fantasías sexuales y que mi nombre sea recordado, hacerme una trenza vikinga, construir una choza frente al mar y llorar mis desamores mientras intento endulzar un mega ácido jugo de tamarindo. He sido infiel muchas veces y me arrepiento, es en serio, me arrepiento, causé dolor y desconcierto, y trato de pedir perdón a mi manera, que no sé si es la adecuada, pero lo siento. Cuento historias del tiempo de los trenes y las carrumbas, pero también de súper héroes y *cartoons*, ah y hago deporte porque me da miedo no estar preparado cuando vengan por mí los señores de la guerra. Últimamente se ha vuelto importante mi edad, mala señal, aunque así me quieren, así me han deseado. He sido buen amante el 95% de las veces, el otro 5% he sido un desastre, tanto, que las recuerdo más que el otro 95. Siento eso también, pero a veces las dos cabezas no están en la misma habitación. Intento ser el mejor padre del mundo y la increíble hija que tengo, me facilita todo. Quiero tener otro hijo por razones que solo mis amigos saben, y dejar de ser transparente y siempre contar lo que siento.

Toda la vida he sido una mierda. Alguien que siempre espera lo peor, un pesimista racional y a ratos apasionado, adicto a ser un come ñerbo... El eterno despechado, el humillado, el huérfano de cariño. Y así no más, después de décadas de autodestrucción. Aparece ella con su cabello castaño, sus dientes de ratón y su caminar de atleta; lo más bonito que han visto estos ojos, que ya han visto tanto.   De repente me dice te quiero ¡jue...puta!... Los demonios cagan todo su fuego y mueren, como cucarachas atomizadas. ¿Qué hace uno que solo ha construido reinos de desamor, borrando con pañuelitos un mural infame de desprecios? Me ha repetido tantas veces te quiero, que podría asegurar que ella sabe que lo que hace es un exorcismo. La pienso tanto que la despierto en las madrugadas sin tocarla. Sara dice que lo nuestro es una vaina del alma. ¡Carajo! y tenían que encerrar su alma en ese cuerpo, Dios y su gasto exagerado en templos. ¿Será que debo confesarle que no sé qué hacer con la felicidad? Me dice que es mía, le digo que soy suyo ¿De ese trueque que sale? El proceso indica que lo primero es entregarse. Lo segundo, se lo diré al oído. Cuando le susurro se moja, lo juro, se moja, lo sabe mi boca. Ya sé que hacer con la felicidad, olviden esa pregunta. Es extraño, la vida compensándome después de arriesgarla, de maltratarla, de malgastarla, de tratarla como a una perra. Qué gran responsabilidad, prometo amarla, joderle las comparaciones de aquí en adelante, de aquí, en adelante.

Me tapas los poros del corazón. Todos sabían que era una especie de colador lleno de agujeros, por ahí se escapaba todo. La vida se escapaba por ahí. La puta vida, entera, con todo y ropa.

Hoy imagino que le ganas a mi soledad. Una derrota de esas aplastantes. Ahora serías tú quién se acuesta en mi cama y te quedas en silencio, mientras yo hago mis prolongadas pausas al borde de la cama. No te sientes abandonada, no devanas tus sesos pensando qué pienso, me ves llorar y sigues en silencio, sabes que yo mismo me consuelo, que solo necesito dormir un poco. Este mundo y sus inventos, me extenúa, me escupe en la cara y me lija los sueños. No te vas, me tiendo a tu lado, con los ojos cerrados esperas que ponga mi nariz junto a tu nariz. Respirar cerca es lo más bonito que conozco; es como compartir el aire en un ritual, compartir nuestra forma de vivir, lo necesario. Acercas tu dedo meñique y con él, atrapas el mío.

Sexto inicio

Ey Sara, ¿Ahora qué? Nos abrazamos desnudos en la bañera, Te sentaste en mi regazo rodeando mi cintura con tus piernas, refugiamos nuestros rostros cada uno en el cuello del otro (como los cisnes; yo aún en estado de patito feo). Dices que fueron como tres minutos. Yo todavía te abrazo. Van dos días. ¿Ahora qué? ¿Cómo olvida uno esa vaina?

Se me notan las noches contigo, se me notan las palabras, se me nota el sexo, se me nota tu voz de niña espantando fantasmas en los pasillos de mi mente. Ya me preguntan por ti y no sé qué decir, te veo y te juro que la mayoría de lo que soy, sale corriendo a abrazarte; una mínima parte se queda disimulando, fingiendo (puto cascaron vacío que saluda). Creo que la actuación no es lo mío.

A veces temo, porque entre nosotros hay algo inexplicable. Alguna vez, una de esas personas que hablan mucha mierda y cobran por ello, me dijo. Es posible que se hayan encontrado después de muchas vidas. Por eso se sienten plenos, aunque estén en silencio. Yo le hice mi explicación de que, para mí, eras un lugar y todas esas cosas. Aun así, me cobró. Temo perderte, que remierda tener que andar otras vidas aguantando tanta vaina para encontrarte de nuevo. Entiende mis temores, no es fácil. Yo entenderé los tuyos, no es fácil. Quizá eso sea el amor, montarse sobre los temores del otro y domarlos como a los caballos o morir desnucado en ese rodeo fantástico.

Cerrar los ojos. Evitar que se nos siga colando por la mirada ese torrente de basura que ofrece el mundo. Cerrarlos y pensar en los tuyos, mantener a salvo allí adentro tu sonrisa, la sonrisa, como si estuviera hecha de flores y cogollos. Hace un tiempo escribo cosas tiernas… Se me llenó de algodón el alma. Te escribo desde adentro. Cierro ventanas, pongo la música que te gusta y en el fondo de mí te construyo. Cuando todos se duerman para siempre, cansados de tanto consumirse, de tanto follarse para procrear monstruos de carne o de miedo. Podremos salir, los soñadores somos arcas; Sara, entrena las palomas para que solo traigan buenas noticias.

No me digas que soy un pendejo, aunque lo soy, de los peores. Pero sabes que te he tocado más veces el alma que las nalgas. Y eso que podrían sacar mis huellas de tu culo.

De esos días en que odias a todo el mundo, así fue el día de hoy.

Qué desaparezca todo: la historia, este presente que nunca es, ese futuro que hala. Sin embargo, miro mi teléfono para ver si ella ha escrito. Eso puede determinar la destrucción o no de esta especie fornicadora. Un momento, ella me quiere y eso salva el planeta. Al menos el mío.

Nos encontramos hoy, teníamos las mismas ganas, la miraba y me imaginaba cosas, cosas que le dije, porque ella no me limita (¿recuerdan?) deja que saque a ese pervertido que tengo escondido en el sótano, encadenado, como al gemelo monstruoso y malvado de una familia disfuncional que trata de lucir normal ante el barrio, ocultando por años a su pequeño adefesio que alimentan con sobras, pero es más fuerte que su hermano el sobre protegido. Así que sin temor le hablo de formas de penetrarla, lenguas, rincones, dedos, humedad… Dolor, placer… Nudos, aprietes… Sustancias…

Ella dormía, desnuda. En mi cama. Yo la miro y me enfrento al problema que tenemos los que queremos dejar la vida por escrito: ¿Cómo putas describo a esa mujer? La que duerme en mi cama, la que roe mi mente como a una mazorca. Maldije las madrugadas como siempre. Me bañé y encendí la luz. Sara estaba acostada en mi cama. Dormía; cabello suelto, torso desnudo y su ropa interior verde oliva ¿Han visto esos incendios en los que el bombero aprendiz abre una puerta y oxigena por accidente la llama? Y se crea una conflagración que lo lanza a muchos metros del sitio. Yo sigo suspendido en el aire, su imagen me estalló en la mirada, me fundió por dentro, sigo suspendido, me da para escribirle un libro mientras caigo.

Nos entendemos; ella es la ruda y yo el tierno, ella es una vela encendida en el temporal y yo nubarrones sobre campos de rosas, ella es rebeldía instantánea y yo soy parsimoniosa mesura. Hay muchas cosas en común también. La principal, es que nos gusta estar juntos, un extraño magnetismo que nos duele si nos alejamos; cosas que olvidó Dirac en su ecuación.

Me ha pedido que sea más positivo y eso hago, estoy trabajando más que los enanos de Blanca Nieves. Ojalá que ella entienda que quiero tocarla tanto, abrazarla tanto, besarla tanto, lamerla tanto, penetrarla tanto, tenerla tanto. Porque temo perderla. Y aprovecho siempre que la tengo cerca, como si fuera un jodido Black Friday del cariño. Cosas están pasando, muchas cosas, debajo de ese puente que hay entre ella y yo. Yo me contagio de su tranquilidad y ella de mi ternura. En eso vamos. Está el peligro de que la gente se entere, pero lo harán. A ella le importa una mierda y a mí un jopo. Esto puede funcionar, los demás nos valen verga, puede ser eso más fuerte que el amor.

...Y ella quiso esa parte de mí, que ni a mí me gustaba. Me quiso adolescente; esquelético, amó mi revolución, amó mis bolsillos vacíos, mi pelo seco y enredado, mis pajas con revistas españolas y mis ganas de destacarme en cosas aburridas. Tenía que ser ella, con su mente jodida, la única capaz de querer ese caos que era yo. Nadie que esperara una vida normal; con las tres comidas y sin cuentas de servicios vencidas, me miraría como ella me miraba. Me miraba como un premio. Quién lo creyera, yo un premio. El rechazado, el rey de la *friend zone*. La única explicación posible, es que ella dentro de sí, allá en lo profundo de ese hermoso cuerpo, a la vuelta de esos ojos cafés, en la espesura de sus finos cabellos. Esconde una bestia.

Matas al puto dragón, rescatas a la princesa ¿Ahora qué? El príncipe solo sabe matar dragones y escalar torres. No soy un príncipe, eso es obvio. Me queda el consuelo de decir como el maestro: mi reino no es de este mundo. Pero lo que quiero decir no es eso, son disparates untados de razón.

Escalé esa torre metafórica, maté a un dragón de tres cabezas. Ya ni sé si eso último es metafórico, sus ex son unos hijos de puta que aún siguen husmeando, así que eso lo consideraré literal. Pero cuando la tuve en mis brazos, cuando vi su sonrisa, sus dientes de ratón, su nariz pequeña, su cabello castaño, su caminar de atleta de los olímpicos y esas nalgas de mulata. Supe que amarla no sería fácil. Que el ¿Ahora qué? Sería un mantra diario. Todos esperamos encontrar el amor de la vida y creemos que con amar es suficiente. Mierda, pura mierda. Quizá lo encontraron y lo despedazaron como el niño que rompe el empaque del regalo. Yo estoy tratando de desenvolverlo con cuidado, con guantes y lupa, pero debo confesar que no sé cómo amarla. Y tiemblo al pensar que puedo perderla. Ella dice amar hasta mis desaciertos, porque ve pasión en ellos, ve el desamparo de alguien que no sabe qué hacer con los milagros. Me ama, se le nota… Y cuando le escribo, me entiende. De todas formas, la encontré, nos encontramos.

Hay que cerrar los ojos para ver los milagros. Imagino su corazón latiendo a mi lado, dentro de su cuerpo que tanto he acariciado. Todo funciona majestuosamente, cada órgano suyo, cada célula, el entorno. Su vida que desde millones de años y de partículas ínfimas vino a sentarse junto a mí: chispas, libélulas que se chocan contra la probabilidad diminuta. No es coincidencia, es la intención atemporal. Nos reunimos porque desde antes de pretenderlo, ya se sabía que lo intentaríamos. A ratos olvidamos lo afortunados que somos, a ratos nos distraemos, los ojos nos distraen, las tripas nos distraen, la lujuria nos distrae, el mundo con su ambición, nos distrae. Nos descuidamos. Dejo estas letras como constancia de que sigo sin saber cómo amarla, y ese es otro tipo de soledad que me cuesta montar a pelo y sin cabestro.

Deberíamos iniciar una tradición tú y yo. Lloremos por conocernos y por este comienzo que se disfraza de interminables. Así como lloran los nacimientos en los palenques. Lloremos y suframos porque esto se va a terminar algún día; por el tedio, por la malparidez de la vida, por la muerte burlona o porque otro culo se lleva el amor enredado en su redondez. Suframos ahora que estamos juntos y es más fácil armar los pedacitos de los corazones vueltos mierda. Piénsalo, después estarás sola, yo estaré sólo, queriendo morir y simulando que los machos de mi tierra, estamos hechos de algo tan duro, como los ojos de buey que bajan por el rio desde Nabusimake a Fundación. Imagínate sufrir por adelantado el desamor y al despedirnos poder hacerlo con una sonrisa ¿Puedes imaginarlo en serio? se puede cagar Benjamín Button comparado con lo que esto sería.

Ahí estás en las noches, contándome tu cotidianidad. Calentando un arroz con salchichas y revolviendo un jugo en polvo que imita, lejanamente, el té que toman los ingleses en Fortnum & Mason en las tranquilas tardes de una Londres edificada sobre sangre y sudor africanos (debía decirlo, ya sabes, la revolución). Hablamos de cosas que no van a transformar el mundo, te pones tu pijama de figuras que aún trato de definir si son precolombinos, pero que en definitiva se parecen a las telas que vendían los turcos Muvdi al lado del instituto Núñez hace 40 años, un detalle de la memoria que me distrae, por momentos, de lo bien que se ve tu culo forrado en ese extraño tejido. Pienso hoy, después de vivir años creyendo que la felicidad era una marea, explosiones y finales de película, que es esto; la tranquilidad de juntar en ti la nostalgia, la ausencia de futuro y la certidumbre de que el arroz caliente a tu lado es una manera de encontrar la alegría en este infierno. Sigues siendo refugio. La monotonía, la maldita monotonía, nos la hacen odiar, como a muchas otras cosas: el fracaso, la muerte, el vello púbico... Hoy me levanté a tu lado, otra vez. Ya perdí la cuenta de cuantas veces han sido, usas los mismos shorts para dormir y el mismo top. Te recoges el cabello para no amanecer despeinada y te gusta siempre el rincón junto a la pared. La monotonía, la maldita monotonía. Me voy deshaciendo de un rencor en las respiraciones profundas de la mañana, de un tedio más a la vez; porque miro tu carita, acerco mi nariz a la tuya, pongo mi mano en tu nalga con libertad y sin que lo sepas hasta hoy, agradezco poderme despertar un día más a tu lado, darte besos tímidos de buenos días y hacerte pésimas recomendaciones para combinar tu ropa. Me gusta repetirme contigo; a la mierda los odiadores, a la mierda los paradigmas del placer.

A veces, no es que piense que no pertenezco, simplemente me siento extraño de estar vivo. Las costumbres se me hacen extrañas, ver la tv, mis manos que te tocan, el pene que se erecta, las ganas de follar, la publicidad que ofrece toallas higiénicas, el latido del perro, poder escribir, los significados, las sensaciones, incluyendo esta de extrañeza, la gente y sus triunfos, el amor, el odio y el sonido permanente de grillos en mis oídos, el tiempo, el movimiento y todo lo invisible. A veces detecto mis poros, mis cabellos, mis manos, mis gases en la panza... Y siento que soy un gusano en el fango. Quisiera quitarme todo para estar desnudo; la piel, los años, la tradición de amar, el futuro, lo que sé, lo que desconozco. Dicen que estamos hechos de energía y nuestros sentidos solo interpretan esta solidez. No sé por qué si nadamos en este océano luminoso, solo vemos estas formas tan concretas, tan llenas de límites y contornos.

Cuando acaricio tu pelo, Sara, trato de ver la luz de la que estás hecha, todos esos universos microscópicos que se unen para formar esa pequeña desviación sobre tus nalgas. No veo nada… Estoy ciego, estamos ciegos para la verdad. Me aferro a tu tabla en este naufragio.

El arte es una herida. La herida puede ser: la miseria, el desamor, un ego magullado…Eso explica por qué los artistas a veces dejan de producir arte. La herida se cierra; los aman, ganan dinero o ganan reconocimiento, se curan.

Contra todo pronóstico estamos juntos, después de heridas infinitas. Aquí vamos, en la simpleza de nuestros papeles en este mundo, rumbo al desenlace, dos chispas que se enfrían se vuelven ceniza y las arrastra el viento, juntas. Amo su papel, está loca y se divierte. Ella es mucho para mí, pero siempre he sido un tipo con suerte. No hago mucho; escribo, veo series, trasnocho, practico recetas con *YouTube* y estoy pendiente de ella. Me cura y aun así me pide que le escriba… Esta vez desde la cicatriz. Eso intento hacer.

Nos hemos querido… A veces creo, en serio, que no la merezco. Vivo tan lleno de incertidumbres, de otoños de una ciudad que no conozco. Las cosas deberían ser sencillas, entregarme a un rol cualquiera: ingeniero, policía, profesor, vendedor o fantasma. Y no me decido, camino y la multitud parece una reunión de máquinas dispensadoras… De cualquier mierda, son solo una serie de comandos repetidos, predecibles como las películas cliché. La miro, le acaricio el cabello y me cuelgo de su aliento para amarrar los columpios de mi infancia. ¿Qué será de mí? Me preguntaba en ese entonces ¿Qué fue de mí? me pregunto hoy. Ella me salva, se ríe y me salva. A veces creo que no la merezco.

¿Qué hay en el corazón del otro? Cuando te abraza ¿Es a ti a quién abraza? Toca amar a ciegas, no hay de otra. Aunque nos rompan como al boleto de una función pasada. Amar, aunque nos mientan con la misma lengua que nos lamen los genitales. Amar una y otra vez, sobre los miedos, sobre la desidia del otro. Quemar, mil soles en las letras, en los besos... No hay de otra. No hay…

El amor real es así, se va construyendo sobre toda la basura emocional que vamos juntando. Nos equivocamos. Se falla, muy rara vez se acierta, traicionamos, nos traicionamos, humillamos, nos humillamos y si se aprende de todas las cosas que no debieron ser, va quedando lo correcto. La probabilidad de encontrarlo antes de aprender, es mínima. El amor es una construcción, como dicen los expertos, pero se equivocan en la manera que sugieren se debe hacer. La realidad es que uno debe joderse antes de dormir tranquilo a su lado.

El amor viene en barco, sube la cresta, a veces baja a la base, a ratos naufraga y llega a la playa paradisiaca, porque la calamidad en ocasiones muestra que hay mejores cosas que el destino. Varias cosas inician a la vez, por eso sin entenderlo a simple vista, los finales son muchos más que los inicios. El amor eterno no existe, nos mienten. Se acaba, pero lo que sí es real, es que nos podemos enamorar muchas veces de la misma persona, por la eternidad.

Finales

Autor:

Efraín José Martínez Meneses, nació en Fundación-Magdalena. La violencia lo arrancó de tajo del Caribe macondiano a sus 16 años y lo llevó al realismo urbano de Medellín. Gana el concurso nacional de cuento ferroviario en 2004. En Medellín se gradúa de ingeniería en la Universidad de Antioquia, y atascado en la rutina de la industria decide renunciar, dedicarse a la investigación y la docencia universitaria, recibe el título de magister de la Universitat Oberta de Catalunya y les gana batallas a los hechiceros. Le otorgan 13 veces la mención de honor al mejor docente y recibe la exaltación al mérito iberoamericano en educación e investigación en él 2015. Escribe 3 libros sobre educación y reintegración social de excombatientes del conflicto armado, en 2014, 2015 y 2016. Se atreve a escribir sin conocer París, y cuenta vainas sobre: amor, sexo, guerra y miseria, en una mezcla vertiginosa e intensa. Publica en 2012 su primer libro autobiográfico: "Efecto mariposa" de una página de extensión, 3 cuentos en periódicos regionales, utilizando pseudónimos absurdos. Publica su novela corta "Sexoledad" en 2016 y se convierte en el libro más vendido en el underground universitario. Posee 2 novelas inéditas: "Subcomandante" y "El perro que no olía traseros" Se encuentran en proceso de edición y serán publicados en 2021 y 2022.